吉祥寺までの道のり

アラフォー独身女性　住みたい街にマンションを買う

白石 鈴衣

文芸社

プロローグ

吉祥寺に住みたいと思った。

現在の住まいは、エリアで言うと23区の西部になる。新宿へ電車で10分弱、バス便も多く新宿副都心まで歩くことも可能な、便利な場所である。しかも３ＬＤＫ（面積は狭いが）という広さは、一人＋猫３匹には申し分ない。

なぜ、そんなに便利で広い家を住み替えるの？　という声が聞こえてきそうだが。

そもそも現在の住まいを２０００年に購入した時は住みたい場所（街）はなく、新宿までの利便性がいいところがよいと考えたくらいだった。

それがなぜ、23区でもない吉祥寺に住みたいのか。

理由は3つである。

1. 尊敬する作家、漫画家が住んでいる。
2. ショッピング、公園散歩、映画鑑賞が全てできる。
3. 高齢者向けの福祉対策が充実している。

1については、岸本葉子先生（エッセイスト）、大島弓子先生（漫画家）、西原理恵子先生（漫画家）である。3人の作品にはしばしば吉祥寺が登場しており、私と同じ独身（西原先生はシングルマザーですが）で吉祥寺での暮らしを満喫している様子が窺える。

2は言うまでもなく、井の頭公園だ。この存在は大きい。そして、ショッピングにも便利な商業施設が充実しており、映画館もある。言ってみれば自然、商業、文化が地図上の境界線がなく存在しているのが素晴らしい。

また、ショッピングという点をクローズアップすると、街中のショップもバラエティに富んでいる。たとえばスーパーマーケットについては、高級店で名高い紀ノ国屋や明治屋から、庶民的な西友やライフと幅広い。また、知る人ぞ知る庶民の味方、ロヂャースもある。

3は吉祥寺が位置する武蔵野市は、高齢者向けのリバースモーゲージ（＊）という制度をいち早く導入した行政だ。

高齢独女になること必須の私にとって、これはぜひ活用したい制度なのである。

というわけで、吉祥寺への移住に向けての日々をこれからお話ししていくのだが、事の始まりは遡ること2008年になる。

＊リバースモーゲージとは、高齢者になった時に所有している不動産の資産価値に応じた介護サービスが受けられる制度である。

もくじ

吉祥寺への移住に向けての問題

2008年11月頃。

吉祥寺への移住を決意した私には、いくつかクリアしなければいけない課題があった。

①買い替えの問題

現在のマンションの売却と、移住先の吉祥寺の物件購入を同時に実行したい。いったん現在のマンションを売却し、賃貸に住みながら吉祥寺の物件を探す事態は避けたい。でも、現在のマンションを所有しながら賃貸に出し、吉祥寺で物件を購入するほどの資金力も年収もない。

②転職とのタイミング

現在の勤務先（中小の不動産会社）でリーマンショックの影響によるリストラが始まっ

ており、早めに転職をしたいと考えていた。ただ、転職をしてしまうと一定期間は新たな住宅ローンが組めなくなるので、上手く転職先が見つかっても移住計画は当面見送らなければならない。

①②の問題点から考えると、移住計画を早めに実行するためには、現在の勤務先に在籍している間に移住先の物件を探し、買い替えをしてしまう、という方法が妥当だろう。

しかし、それから3ヶ月後に、私はその選択すらできない事態に陥ることになり、吉祥寺への移住の実現までに5年の年月を費やすことになる。

吉祥寺物件探しの作戦

吉祥寺への移住計画実行に向けて、私は早速物件探しを始めた。
そしてすぐに次のことに気づいた。

①現在と同じ面積（65㎡）の物件を吉祥寺駅から徒歩圏で購入することは、自分の資金力では不可能（徒歩10分圏内で60㎡超の物件は築年数を譲歩しない限り、手が届かない）。
②吉祥寺駅から徒歩圏で探すなら15分まで許容範囲を広げなければならない。
③マンションの買い替え、特に購入先行（現在の住まいに住みながら転居先を探す）は思いのほか難しい。
④吉祥寺駅徒歩圏の物件は、築40年までの中古物件でも供給が少ない。
⑤物件の供給が少ないため、契約は早いもの勝ちの争奪戦（内見に出遅れる→申し込みをほかの購入者にとられる→買えない、という構図になりがち。購入の優先権は申し込み順になるのだ）。

そこで次のように作戦を変更することを決意した。

①面積より立地。希望の間取りを1LDK、面積を40㎡に変更。

②①と並行しながら徒歩15分圏内まで検討する。ただし、場所は厳選する。

③一時でも賃貸に住むのは嫌。これだけはどうしても譲れない。

④築年数については新耐震基準（1981年築）まで検討するが、物件の比較をする際にはなるべく築年月の浅いほうを選択する。

⑤内見に出遅れないように、しばらくダブルワークを自粛し、土日は予定を空けておく。

そして少しでも物件の検討を迅速にするため、ゼンリン住宅地図の武蔵野市版を入手した。

この地図は、マンションの名称が出ているので、物件名とおおよその住所がわかれば、物件の場所が特定できるのだ。

これを不動産業者以外で持っている人は、なかなかいないのではないだろうか。

物件Aを見学

２００９年１月頃。

作戦を変更し、１ＬＤＫの物件を中心に毎日のようにインターネットで探していたが、実際に内見にはまだ行っていなかった。

ある日、不動産サイトで吉祥寺駅から徒歩６分の１ＬＤＫ、御殿山にある物件Ａが売りに出ているのを発見し、早速内見を申し込んだ。

〈物件Aの概要〉

・吉祥寺駅より徒歩６分
・37㎡
・１ＬＤＫ（玄関→寝室〈玄関横〉→キッチン→リビングという配置の間取り）
・２００２年築

・8階
・販売価格　3400万円

日曜日の午後、友人のIちゃんに付き合ってもらい物件を見に行った。

駅から徒歩6分だが、もっと近く感じた。井の頭公園まで徒歩1分とあって立地は最高！

建物自体はタイル貼りのせいかあまり経年は感じなかった。20世帯ほどの小さな物件だが、共用部もキレイで管理が行き届いている印象。


売主さんはすでに退去されていて、空室の状態を見学することができた。

ちなみに売主さんは起業している単身の女性で、この部屋が自宅兼事務所だったが、手狭になったため住み替えをすることになったそうだ。


リビングが南に位置し、リビングと寝室の窓を開けると風がよく通り、とても気持ちがいい。8階とあって見晴らしも申し分ない。

ただ、収納が少なく、寝室のクローゼットも幅1メートル前後と小さいうえに、キッチンに食器棚を置くスペースがないのが少々悩むところだ。

今の家からは大幅に物を減らして引っ越すつもりなので、どのくらい減らせばいいか、最低限置きたい家具は置けるのか、しっかり考えてみなければ。

物件Bの見学

２００９年2月頃。

２００８年後半から始めた吉祥寺の物件探しだったが、面積より立地という方針で１LDKの物件を中心に探す日々が続いていた。

年が明けて間もない頃、いつも物件を紹介してくれるM社のS君から連絡があり、吉祥寺南町にある物件Bを見学することになった。

〈物件Bの概要〉
・吉祥寺駅より徒歩４分
・37㎡
・１LDK（玄関→リビング→寝室という配置の間取り）
・２００４年築

・1階
・販売価格　2800万円

土曜日の午後、S君と共に物件を訪ねた。

実際に歩いてみると、駅から4分とあって利便性はよさそう。

近くに井の頭線が走っているが、室内に入るとさほど音は気にならなかった。

物件規模は小さいが、宅配ロッカーや自転車置き場もあり、共用部は合格点。

現在は、30代のご夫婦と0歳のお子さんと小型犬という家族構成で居住されているとのこと。部屋を訪ねた時はご主人のみ在宅していたが、丁寧に室内を案内していただき、売却価格も値下げにできる限り応じると言ってくださり、非常に感じのいい売主さんであった。

お子さんが生まれて手狭になってしまったため、住み替えを決意したとのことだった。

間取り（リビングと寝室の配置）は好みではなかったが、床暖房やドラム式洗濯機や大型クローゼットなど室内の設備も充実していて、価格も3000万円を下回っていることもあり、私の心は少しずつ物件Bに傾きかけていた。

ただ、1階という点（しかも路面から見るとほぼ地階になる）がどうしても気になって、数日経っても決意できずにいた。

S君は「もう一度、複数の時間帯で室内を見てみませんか?」と言ってくれたが……。

立地と価格から考えたら、間違いなく掘り出し物なのは確かである。

物件Bに気持ちが傾く

２００９年３月初旬。

先日、見学をした物件Ｂについて引き続き悩んでいた。

立地と価格のバランスから考えると掘り出し物であり、宅配ロッカーなどの設備も現在の住まいと比較しても遜色がなく、同じレベルの共用部の恩恵を受けることはできそうだった。

そして、今の住まい（65㎡、３ＬＤＫ）よりもだいぶ狭くなるとはいえ、自分が住む場合に家具もなんとか収まることがシミュレーションできた。

あとは購入の意思さえ伝えれば、Ｍ社のＳ君が手際よく、現在の家の売却と物件Ｂへの住み替えの手続きを進めてくれるであろう。
S君からは時折連絡があり、購入の意思を尋ねられていた。

当初は1階の住戸だったこともあり購入の意思を固めきれなかったが、この頃になると、物件Bへ住み替えるメリットのほうが多く思いつくようになっていた。

メリットとしては、
・物件価格が安いので、現在のマンションを売却しローンを清算した現金を使って購入しても、だいぶローンの額を抑えることができる。最悪、失職してもなんとか払っていけそう。
・現在のマンションは3LDKのうち1LDKエリアしか日常的に使用していないので、それであれば1LDKに住み、全体に目が行き届いたほうが部屋もキレイに保てる。
・何よりも長年の夢だった吉祥寺に住む夢を叶えることになるので、精神的な満足感は何ものにも代え難い。

そして、いよいよS君に購入の意思を連絡しようとしていたある日、移住計画が5年も先延ばしされる事態に陥ることになる。

まさかのリストラ

２００９年3月中旬頃。

いよいよ物件Ｂの購入意思をＳ君に連絡しようとしたある日、私は勤務時間中に上司に呼ばれた。

嫌な予感は的中した。

会社都合にて4月末日の退職勧告をされた。

この頃はリーマンショックの後遺症で業界も不況になっており、年明けから周囲でリストラが始まっていた。それに伴って社内の雰囲気も悪くなり、いろいろな噂が蔓延していた。

「社員の数を現在の半分に減らすらしい」「仕事の配置転換などを利用して、自主的に退職する方向に仕向けるらしい」などなど。

噂の真偽はわからなかったが、2009年に入ってからは社長や部署の上長から仕事内容で無理難題を言われる頻度が増えており、私自身、会社にも仕事にも冷めてきていた。就業しながら転職活動も並行していたが、まだ転職先は見つかっていない状態だった。退職するとしたら手続き自体はむしろ会社都合にして欲しいと考えていたくらいだし、会社に未練はなかったが、退職するとなれば当然マンションの買い替え、つまり吉祥寺への移住計画をいったん中断しなければならない。

上手く転職先が見つかったとしても、1年間は住宅ローンを組むのが難しくなる。

その点については、もっと早く物件を探さなかったのを後悔しなかったと言えば嘘になる。

退職日までの期間で物件Bの購入と現在の自宅の売却を迅速に行えば、なんとか間に合わないか？　などと考えた。だが、不況で不動産市場が冷え込んでいる中で、売却にどれくらい時間がかかるか予測もできなかったため、やはりいろいろな面で無理があり、移住計画はいったん中断せざるを得なかった。

実はこの時に移住計画を無理に実行に移さなかった判断が、吉祥寺へ移住したあとに起こった出来事に功を奏するのである。

移住計画を一時中断

２００９年3月下旬。

上司から退職勧告をされた日、外出先から自宅へ戻る途中に吉祥寺へ寄った。物件Ｂを外から見たあと、井の頭公園に向かった。

傍から見れば、意味のないことに思われるが、自分には2つの思いがあった。

ひとつは、物件Ｂの購入を今回見送ることになるので、物件へのお別れである。

もうひとつは「いつか必ず移住計画を実行してみせる」という決意表明だった。

夕方から周囲が暗くなるまで井の頭公園のベンチに座り、あと数ヶ月早く住み替えを決断しておけばよかったと自分のタイミングの読みの甘さを悔やみ、これから就職活動に専念しなければならない不安など、いろいろなことを考えていた。

平日にもかかわらず、この日も井の頭公園は散歩やデートをする人で混んでいた。

誰かが言っていた。

吉祥寺はお金がある人もない人も心地よく過ごせる街で、お金がある人はショッピングやグルメを楽しみ、お金がない人は公園のベンチでぼーっとしていればよい、と。

いろんな境遇の人を受け入れてくれる多面性のある街なのだろう。

もし吉祥寺に移住できていれば、リストラをされても就職活動が難航しても、精神状態はもっと違っていただろう。

退職勧告をされたことも、ずっとあとになって理想的な職場に出合うきっかけの始まりだったことになるが、この時はまだ後悔と不安だらけだった。

移住計画再開

２０１０年９月頃。

２００９年４月〜８月までは無職だったため、移住計画を中断していた。２００９年９月にようやくＲ社に再就職先が決まると、貯金やダブルワークは再開したものの、物件探しは封印していた。転職後１年間は住宅ローンを組むのが難しいからだ。なので、その間は吉祥寺に行くことも避けていたように思う。

再就職後１年が経過しようとしていたある日、Ｍ社のＳ君から連絡があった。「珍しく条件のいい物件が出たので、久しぶりに物件を見てみませんか？」というお誘いだった。

Ｒ社に入社した時に、Ｍ社のＳ君には近況報告と今後も吉祥寺への移住を目指し物件探しを継続する旨を連絡していた。

今回紹介された物件Cは吉祥寺南町に位置し、以前購入を断念した物件Bの近所だった。

〈物件Cの概要〉

・吉祥寺駅より徒歩7分
・41㎡
・1LDK（玄関→リビング、リビングの隣に寝室という配置の間取り）
・2005年築
・3階
・販売価格　3300万円

当時、土日はダブルワークをしていたが、土曜日の午後休みをもらい「物件C」を見に行く約束をした。

猛暑の中、ダブルワーク先から吉祥寺へ向かい、物件Cのエントランスへ到着するとS君が待っていた。

挨拶を終えた途端、S君から「申し訳ありません。午前中に内見をした他社からのお客様が、見てすぐに購入申し込みをされてしまいました」というコメントが。

あ～あ、これだから吉祥寺での物件探しは大変なのだ。

しかも、そのお客さんはローンなしで購入予定だそうだ。

3300万円現金購入って、どんな人だよって感じだ。

そんなに現金で出せるなら、もっと高額な物件買えよと言いたい。

もちろん、内見をして気に入れば二番手という立場で私も購入申し込みは可能だ。

そして一番手に申し込みをした人が、キャンセルやローン審査が通らなければ、購入はできる。

ただ、今回は一番手が現金購入ということでローンは関係なく、その他の事由によるキャンセルの発生も期待できない。

つまり内見するだけ無駄ということになる。

しかし、ここまで来てただ帰っても仕方がないので、一応物件は見てみることにした。

以前内見をした物件Bに比べると駅からの距離はあるが、末広通りというお洒落なショップが並ぶ通りを歩くため、あまり遠くは感じなかった。

デザイナーズマンションというキャッチコピーなだけに、外観もスタイリッシュ。

エントランスには宅配ロッカーもあり、井の頭通りに面しているわりには静かだった。


現在は、30代の男性が単身で居住されているとのこと。

部屋を訪ねるとインテリアも凝っており、住む人のこだわりが感じられた。

3メートル以上はありそうな天井高が開放的で、シーリングファンが似合いそうだ。

リビングと寝室が並んでバルコニーに面していて、私の好みの間取りだった。

寝室の奥にはウォークインクローゼットがあるのも魅力を感じた。


内見を終え、S君とカフェでお茶を飲みながら話をした。

S君と会うのは約1年ぶりだったが、その間に宅建の資格をとり、順調に仕事の実績を上げていた。そして貫禄が出たなと思っていたら、なんと12キロも太ったそうだ。

S君はまだ27歳の若者だが、とても性格のいい頑張り屋な営業マンである。

引き続き物件探しをお願いしたい旨を伝え、もし物件Cに購入キャンセルが出たらすぐに申し込みをしたいと言ったが、購入キャンセルの連絡がくることはなかった。

そして、S君から物件を紹介されるのはこれが最後になってしまった。

新築物件Dの出現

２０１１年７月頃。

２０１０年の夏に物件Cを見学して以降、M社のS君からはいくつか物件の紹介をしてもらっていたが、実際に見てみようと思う物件はなかなかなかった。

ただでさえ吉祥寺は物件数が少ないのに、駅からの距離や間取りや築年月にも拘っていたのだから、余計に物件探しは難航することになる。

この頃になると、私は吉祥寺の物件名を聞いただけでだいたいの場所がわかるようになっていた。それだけ多くの物件資料を見ていたのだ。

東日本大震災の爪痕もまだ残る７月頃、たまたまインターネットで調べものをしていたら、吉祥寺の駅近に新築マンションが売り出されるという記事を見た。

駅から徒歩4分という近さで、90戸もあるという。

立地と戸数から考えると、1LDKタイプは少ないだろうし全体的に価格が高いだろうなと思ったが、どうしても気になったので資料を請求しモデルルームの見学予約を入れた。

当時も土日はダブルワークをしていたため、土曜日の夕方（ほとんど夜だったが）にモデルルーム見学に向かった。

モデルルームは吉祥寺駅前の古いビルの地下にオープンしており、すでに3分の1が予約申し込み済とのことだった。

価格は予想していたよりも安く、4階から下の住戸の1LDKタイプであれば、これまで見てきた中古物件とあまり変わらない金額だった。

また、新築とあって設備や仕様も最新で、デザインも好みだった。

これまで中古物件ばかり見てきたが、マンションは年々設備仕様が進化するので1年築年が違うだけでも印象はぐんと違う。

逸る気持ちを抑えモデルルームを見学後、購入申込書を記入し、ローンの審査を依頼することにした。

〈物件Dの概要〉

・吉祥寺駅より徒歩４分
・42㎡
・１ＬＤＫ（玄関→リビング、リビングの隣に寝室という配置の間取り）
・２０１２年11月完成予定
・３階
・販売価格　３８００万円

勢いでローン審査を依頼したものの、不安要素がてんこ盛りであった。

というのも、Ｒ社に転職をしてから年収が人生で最低額を記録していたので、このまま本業だけの年収ではローンを組むのは難しかったからだ。

それでも自宅に戻ってから、もう購入した気分になってニマニマしながら家具配置などを考えていたのだから、私もお気楽者だ。

後日、M社のS君に連絡を入れ物件Dの資料を見せると、新築でこの価格は破格だという。現在のマンションの売却はぜひ担当させてほしいと喜んでくれた。

そして、結論からすると、ローンの審査は通らなかった。

やはり年収がネックになっていたようだった。

営業担当は親身になってくれて、ダブルワーク分を含めた年収でローン審査をしてくれる金融機関で再審査をすることを提案してくれたが、9月を目前に再び転職をすることになってしまい、またもや吉祥寺への移住計画は延期になってしまった。

住宅ローンは審査通過後も物件の引き渡しが終わるまでは、転職は厳禁である（金融機関が引き渡し直前にも在籍確認をする可能性が高いのだ）。

中古物件であればすでに完成しているので、ローン審査後に早めに決済をして引き渡しを受けてしまえばいいが、物件Dは完成が1年4ヶ月後なので、それまではR社に在籍していなければならない。

結局、私はほかの金融機関にローン審査を依頼することなく、物件Dの申し込みを取り下げた。

転職など、今回はいろいろな点でタイミングが悪く、縁がなかったと思われる。

M社のS君に経緯と併せて現在の自宅の売却も先延ばしになる旨を連絡すると、「もしかしたら来年くらいには、もう今の営業所にいないかもしれません」と言っていた。

後日談だが、S君は後輩のK君に私のことを引き継ぎ、1年後に出身地の北海道の支店に異動していった。

久しぶりの物件見学

２０１３年10月頃。

Ｒ社からの転職のため物件Ｄの購入を見送り、Ｔ社に転職してからもしばらく物件の見学を休んでいた。

Ｍ社のＳ君からはときどき連絡をもらっていたが、ただでさえ希少な吉祥寺物件がこの時期はさらに動きが止まっていたこともあり、実際に見てみたい物件はなかなかなかった。

そんな中でもインターネットの物件検索は日課だった。

そして、別の仲介会社のＦ社からも物件の紹介を受けることになった。

Ｆ社は社長を含め３人で経営している小さな会社だったが、吉祥寺・三鷹周辺のエリアを中心に物件を取り扱っている仲介業者だった。

社長のＴ氏自ら、定期的に物件紹介や見学の立ち会いをしているような、アットホームな雰囲気だった。

あまりにも物件がなかったため、駅から15分圏内の物件も視野に入れたいと依頼をしたところ、物件Ｅを紹介され見学をすることになった。

〈物件Ｅの概要〉

・吉祥寺駅より徒歩14分
・60㎡
・２ＬＤＫ（玄関→左右に洋室１部屋ずつ→水回り〈浴室・トイレ・キッチン〉→リビング→バルコニーという配置の間取り）
・１９９６年３月築
・１階
・販売価格　３４８０万円

宅建試験を終えた日曜日、吉祥寺駅前でT氏と待ち合わせた。

メールでのやりとりはしていたが、T氏に会ったのはこの日が初めてだった。

名刺を見ると、宅建をはじめ、ファイナンシャルプランナーや住宅ローンアドバイザーなど、資格が多数記載されており、勉強熱心なイメージを持った。

あいにくの大雨でT氏はタクシーで物件に向かうことを薦めてくれたが、徒歩14分を体感するために徒歩で向かってみることにした。

徒歩14分は想像以上に遠く感じた。

女子大通りをひたすら歩くうえに、道中にショップなども少ないため、余計に遠く感じてしまった。すぐ先が東京女子大学なので、ほとんど西荻窪だった。

物件に到着すると、ちょうど大規模修繕をしていて、外壁にはシートがかかっていた。

室内に入ると築17年という仕様の古さを感じたものの、さすがに2LDKだけあってこれまで見学した物件に比べると広く感じた。

しかし……毎日徒歩14分を歩けるだろうか？

たしかに2LDKであれば一人暮らしには十分な広さで、今の家の家具や荷物をそのまま持っていけるだろう。

でも、毎日14分歩いてまで、そんな面積が必要なのか？

そして、部屋を見るとキレイに住んでいる印象はあるものの、住むとなれば、クロスの張替えなど最低限のリフォームは必要になってくるだろう。

何を隠そう、私は頭金として用意できる現金が200万円弱しかなかったので、極力入居前の出費は抑えなければならない（ダブルワークをしているのに、なぜそんな状況なのかはまた別のページで書きますが）。

結局、物件Eの購入は見送った。

また振り出しに戻ってしまったことになるが、今回の物件Eの見学で「面積よりも立地」という優先順位が再確認できたことは、大きな収穫だった。

物件Aの再登場

２０１４年１～３月頃。

Ｆ社から物件Ｅを紹介され見学をしたものの、駅からの距離にしっくりこなかったことで見送ってしまい、その後も見学をしたい物件はなく、吉祥寺移住計画は暗礁に乗り上げていた。

同時に、住んでいたマンションをだんだんと持て余し始めていた。

狭い３ＬＤＫと言っても65㎡は一人には広い。

案の定、当時私はほとんど１ＬＤＫ分のスペースで生活をしている有様だった。

内装や仕様、間取りはとても気に入っていて、この家が吉祥寺にあれば文句なく最高だったが、よほど金銭的に余裕がない限り、吉祥寺に移住するには坪単価のことからも同じくらいの面積は諦めないと話にならない。

こうも新たな物件が出てこないと、過去に見た物件AやBやCがとてもよく思えてくる。私は見学当時に取り寄せた物件A、B、Cの図面を時折眺めていた。

そんな中、F社のT氏から久しぶりに朗報が入った。

T氏いわく、面積は小さくなるが駅から徒歩6分という好立地の1LDKが売りに出たとのことで、早速資料を送ってくれた。

到着した資料を見てビックリした。

なぜなら、今回紹介された物件は、まぎれもなく物件Aだった。

吉祥寺移住計画を志してから最初に見た物件Aが、再び現れた。

しかも、同じ部屋という衝撃的な事件！

物件A再登場である！

〈物件Aの概要　再登場〉

・吉祥寺駅より徒歩6分

・37㎡

・1LDK（玄関→寝室〈玄関横〉→キッチン→リビングという配置の間取り）

・2002年築

・8階

・販売価格　3200万円

以前見学したことがある旨を伝えると、T氏も驚いていた。

聞けば、以前私が見学したあと、結局売主さんは売却を見送り、しばらく賃貸に出していたらしい。

その後、結局売却され、現在は所有者の息子さんが住んでいるとのことだった。

最初に見学をした時から5年ほど経過していることもあり、価格は少し下がっていた。

特にリノベーションしている訳ではないので、前に見学した時とあまり違いはないだろうと思ったが、私は現在の住人があの部屋でどういう家具配置で暮らしているのか興味があった。

何を隠そう物件Aの間取りは個性的なので、家具配置等が難しいのだ。前に見学をした時はすでに空室だったため、住んでいた人がどのように暮らしていたのかずっと興味があったのだ。

見学当日、物件まで出向くとT氏が出迎えてくれた。ゆっくり見て正直な感想を言ってもらうために、住人の方にはあえて出かけてもらったとのことだった。

T氏は少人数の仲介会社の社長で、自ら物件案内の立ち会いまでやっていて、細やかな気遣いのできる人だった。

久しぶりに見る物件Aは、当たり前だが内装や雰囲気は以前と同じだった。

残念なことに現住人の暮らしぶりを見ると、掃除や整理整頓が行き届いているとはお世辞にも言えなかったが、ベッドやテーブルの配置はほぼ想像どおりだった。

現在の住人も家具の配置は頭を悩ませたに違いない。

私ならもっと上手く部屋を作れる（インテリアの仕事を10年もやっていたのだから当然と言えば当然だけど）。

前回見学をしていることもあり、短時間で見終えるとT氏に購入申し込みをしたい旨を伝えた。

物件Aが希望どおりの物件かと聞かれれば、恐らく3分の1は希望とは合わないと思う。

でも、ここ最近の吉祥寺の物件の動きのなさを痛感していることから、もう以前のように後悔はしたくなかった。

今の家よりもかなり狭くなるが、図面をもとに家具配置や生活をシミュレーションした結果、「なんとか住める！」と判断をした。

と、ここで吉祥寺移住計画ゴール目前！　と言いたいが、結論から言うと今回も購入は実現しなかった。

物件を見学した数日後、購入申込書を交わすため、T氏が勤務先まで来てくれた。

書類を記入しながら、住宅ローンの審査について不安材料があった。

現在の勤務先のT社に入社してから1年が経過していたが、正社員になる前に派遣社員として勤務していた期間があるため、果たしてローンが組めるのか。

T氏の提案としては、メガバンクではなく信販系で、副業等を合算で審査の対象としてくれる金融機関があるので、そこに依頼をしてみるとのこと。

翌日、T氏に言われたとおり、派遣雇用期間の給与明細、入社してからの給与明細、賞与明細を用意し依頼をした。

合算して金融機関が提示する年収に到達していればローンは組めたが、合算してみたところ、あと1歩で届かなかったという顛末だった。
再び振り出しに戻ってしまったが、仕方がない。
ローンが組めないことには始まらないのだ。

移住計画再び休止

2014年4～5月頃。

再登場した物件Aに運命を感じつつも、勤続年数や年収等の条件がクリアできずにまたもや振り出しに戻ってしまった。

その後は再び吉祥寺の物件の動きがなく、しばらく移住計画は休止状態だった。

そんな中、M社から久しぶりに連絡を受けた。

ただ、担当者はS君ではなく、後任のK君という新人だった。

いまのところ紹介できる物件はないが、吉祥寺は物件の動きが速いため、せっかく気に入った物件が出てもローンの審査が通らなかったり、時間がかかったりするともったいないので、いくらくらいまでローンが組めるか事前審査をしておいてはどうかとの提案をしてくれた。

というわけで、翌週早速M社三鷹店を訪問することになった。

当日、M社三鷹店を訪ねると、K君が店長と一緒に出迎えてくれた。店長は挨拶のみの同席だったので、その後はK君と購入希望の条件のヒアリングや現在の住まいの売却査定をしてもらうための訪問日等を話した。

物件の希望条件

・広さより立地
・広さは１ＬＤＫ（40㎡前後）
・２ＬＤＫ以上であれば駅から徒歩15分まで検討するが、エリア限定（吉祥寺本町）
・ペットが飼えること（猫３匹と同居になるため）

・築年は1981年以降（新耐震基準）であること
・権利形態は所有権（吉祥寺は地域のお寺が所有している土地が多いため、土地の権利が借地権の物件が多い）

その他の希望条件

・住み替える物件を決めてから、現在の住まいを売却したい（業界ではこれを『購入先行』と呼ぶ。先に売却してから次の物件を探すのは『売却先行』）
・住み替え先の物件に入居するまでの間に、仮住まいの必要がないようにしたい
・できるだけ現金を動かす回数を抑えたいので、売却で得た資金を上手く流用して住み替え先の購入に充てたい
・日々の仕事やダブルワークも忙しいので、多少費用がかさんでも委託できることは任せたい
・現在の住まいを売却するにあたり、修繕・リフォーム等をしないでそのまま売りたい（業界用語では『現況引き渡し』と言う）

今振り返って考えても、非常にワガママで面倒くさい客だと思う（笑）。

Ｋ君いわく、買い替えの場合は現実的なことを言えば『売却先行』のほうが手続きも楽で、売却を先行させることである程度の資金を持って物件探しができるので住み替え物件の選択肢も広がるという。

ただ、私自身の方針（ここまでくると、こだわりか？）で、どうしても賃貸に住むのは避けたいと考えていた。賃貸では短期間とは言え猫を飼える物件は限られてくるし、賃貸に住んで買い替え物件を探している間にローンを組めない事象が生じてしまう可能性もゼロではないからだ（これは物件Ｂの購入寸前でリストラにあったことがトラウマになっている）。

Ｋ君は嫌な顔ひとつせずに私の話を聞き、できる限り私にとって金銭的にも精神的にも負担がかからない方法を考えると言ってくれた。

前任者のS君に続いてしっかりした対応をしてくれそうな気がして、M社の人材のレベルの高さを感じた。

K君は若い風貌だが、聞けばS君と同い年だという（S君は体格もよかったので30代前半だと思っていたが、年齢を聞いたら当時まだ27歳だった）。

後日、事前審査に必要な書類を揃えて送る約束をして、M社三鷹店をあとにした。

中央線に乗り吉祥寺駅に下車してみようと思ったが、移住の目途が立つまではやめることにして、そのまま帰宅した。

もし吉祥寺に住んでいたら、駅の改札を出たあと、夕食の買い物にライフか西友に行って、給料日のあとだったら紀ノ国屋か三浦屋かな、などと想像をしていた。

吉祥寺にあるショップは全体的にバラエティに富んでいて、お金がある時もない時も状況によってショップをセレクトできる。

いつになったら、吉祥寺が出かける場所から帰ってくる場所になるのか。

物件Fの見学

2014年7～8月頃。

物件Aの再登場以来、見学に至る物件がないまま1ヶ月が経過していた。

M社のK君の提案で、物件探しと住宅ローンの事前審査を同時に進めることにした。

その当時、紹介予定派遣で入社したT社での勤続年数も2年目に入っており、残業続きの職場のおかげで年収は400万円を超えていたので、住宅ローンの審査も今度は順調にいくような気がしていた。

また、同時にM社に現在の住まいの売却査定をしてもらったところ、購入時よりは下がる見込みではあるものの、住宅ローンの残りを精算しても十分買い替え用の資金は捻出できる算段だった。

事前審査をしたところ、MS銀行から「Tグループの社員さんであれば、勤続年数が短めでも対応しますよ」という回答がきたとのことだった。

たしかにMS銀行は勤務先のメインバンクでもあり、物件探しを頼んでいるM社の系列でもある。そういった意味でも融通が利くのかもしれない。


住宅ローンの見通しも立ち、あとは物件を探すだけと思っていた時に、久しぶりにM社のK君から物件の紹介の連絡を受けた。

駅から徒歩14分の2LDKと、駅から徒歩8分の1LDKの、2物件を見学できるとのことだった。

以前、駅から徒歩14分の物件Eを見学した際に、私の中で広さより立地という方針が固まっていたが、今回の物件Fが徒歩14分といっても吉祥寺本町に建つ物件ということで、見てみたいと思った。

もしかしたら、毎日14分歩いてもいいと思える物件かもしれない。

K君いわく、現在物件Fには売主さんが居住中で、50代の女性とその母とのことだった。2人で暮らすのに手狭になってしまったため、すでに三鷹駅前に住み替える物件を購入済みで、物件Fを所有したままでもローンの審査は通る見込みのようだが、売却を考えているそうだ。

というわけで、売主さんの在宅時間に合わせて見学をすることになった。

〈物件Fの概要〉
・吉祥寺駅より徒歩14分
・57㎡
・2LDK（玄関→寝室〈玄関横〉→キッチン→リビング→リビングの隣に洋室という配置の間取り）
・1998年築
・5階
・販売価格　4200万円

当時はまだ、土日にも仕事をしていることが多かったため、無理を言って平日の夜間にお伺いすることになった。

売主である娘さんはまだ仕事中で、お母さんが出迎えてくれた。

室内は仕様こそは時代を感じるものの、大切に住んできた雰囲気があった。

販売価格は今まで見た物件の中では一番高かったが、現在の住まいの売却額の予想から考えると買えないこともなかった。しかし、「現況引き渡し」になるため、住むにあたってはクロスの張替えなど最低限のリフォームをする必要がある。

物件Eの時も同じだったが、住み替えにあたってはなるべく出費を抑えたいと考えていた。

それに、リフォームをするとなると、1週間前後は工事期間を見込まなければならないので、そのぶん引っ越し日を調整する必要が出てくるだろう。

そうなると即答はやはり難しい。

いったん検討したい旨をK君に伝えて、その日は終了した。

ちなみに、もう一件内見する予定だった、徒歩8分の1LDKの物件は、入居中の売主の在宅の都合が合わず、見学はできなかった。

物件A再々登場

2014年8～9月頃。

先日見学をした物件Fの購入を決断できないまま、1週間が経過していた。

2LDKの57㎡は魅力だったし、物件の保存状態も申し分なかったが、駅からの距離（徒歩14分）と入居前に最低限のリフォームをしなければならない点がネックだった。

逆に考えれば、自分の好きなようにリフォームができるのはメリットでもあるが、当時の私は何しろ現金の持ち合わせが少なく、住んでいたマンションを売却しなければまとまった現金はほとんどなかった。

吉祥寺の物件事情からすれば、ファミリータイプの場合は徒歩15分圏内まで許容するのは必須だ。

余談だが、私が20年来ファンであるエッセイストの岸本葉子さんも、徒歩14分の2LDKの物件にお住まいである（著書『マンション買って部屋づくり』より）。当たり前だが、間取りや仕様設備は変えることはできるが、立地だけは変えられない。当然駅からの距離は毎日のことだ。私は勤め人なので、朝夜と最低1日2回はこの距離を歩くことになる。

これから年をとるのに、ずっとこの距離を歩けるだろうか？

それに、買い物をしたら荷物もこの距離を運ばなければならない。自転車を使うという手段も考えたが、マンションに駐輪場はあっても、今、吉祥寺駅周辺は決められた駐輪場以外は自転車を止めておくことはできない。そして駅から近い月極の駐輪場から満車になっていることは想像できた。そう考えると、どうしても即答はできなかった。

M社のK君には正直に自分の感想と、少し考えたいと伝えた。

そんな中、K君から珍しく携帯電話に連絡が入った。

しかも、仕事の時間中の着信だった。

K君は私の勤務形態を知っているので、仕事の時間内に電話を入れてくるということは、候補物件の出現にほかならなかった。

トイレに行くふりをしてK君に連絡をすると、やはり予感は的中した。

物件の概要を聞くと、驚いたことにその物件は、あの「物件A」だった。

まさかの再々登場である。


聞くところによると、私がローンの審査が通らずに購入を見送ったあと、物件Aは業者が買い取り、今回ほぼフルリノベーションが行われ売り出されたそうだ。

住むにあたって自己負担でリフォームをせずに済むのは嬉しいが、ひとつ問題があった。

リノベーションをされたことと業者による転売になったことで、物件価格が以前よりも500万円以上もアップしていたことだ。これは正直痛い。前の価格を知ってしまっているから余計にそう感じる。

〈物件Ａの概要　再々登場〉

・吉祥寺駅より徒歩６分
・37㎡
・１ＬＤＫ（玄関→寝室〈玄関横〉→キッチン→リビングという配置の間取り）
・２００２年築
・８階
・販売価格　３９８０万円→のちに３６３６万円

とりあえず、どんな風にリノベーションされたのかを見なければ話が進まないと思い、明日の土曜日に見学ができるようにとＫ君に頼んだ。

翌日、物件Ａの前でＭ社のＫ君と待ち合わせをし、室内に入った。

今回は空室だったため、採寸をしたり、ゆっくり見せてもらうことができた。

内部は間取りこそ以前のままだったが、床は張り替えられ、トイレはタンクレスになり、キッチンの水栓はグローエ社製になり、ガスコンロもガラストップ仕様と、前よりグレードアップされ、クロスも輸入物になり、さらに照明器具、エアコン、カーテン・ブラインドも設置されていた。

リノベーションによって設置された設備機器、カーテン類は全て新品が使われていたため、自分で手を入れる必要はないし、本当に身ひとつで引っ越せる感じだ。

逸る気持ちを抑えながら、K君には「購入を検討したいが、リノベーションされているとはいえ、前の価格を知っているので、3980万円のまま購入するのは厳しい」と伝え、金額交渉を依頼した。

数日後、K君からの連絡で3636万円まで価格交渉が可能とのことだった。

最初に見学をした時から236万円のアップになるが、フルリフォーム代だと思い応諾することにした。ひとまず、交渉権を確保するために、申し込み手続きだけは速攻で行った。

これから家を購入する人のために伝えておくと、もし、いいなと思う物件があったら最終的な判断がつかなくても申込書を書き、交渉権（いわゆる一番手）を確保するのが大事だ。

あまり大きな声では言えないが、「申し込み」の段階であれば後日取りやめたとしてもペナルティは発生しない。

ちなみに、契約手続き後の取りやめは購入者都合の解除になり、「手付金没収」のペナルティが課されるので要注意だ。

「申し込み手続きは迅速に」「契約手続きは慎重に」が鉄則だ。

いったん物件Aの交渉権を確保し、並行して現在の住まいの売却に向けて準備をすることになった。

いよいよ、吉祥寺への移住が現実味を帯びてきていた。

オープンルーム

2014年8~9月頃。

いよいよ物件Aに申し込みを入れ、晴れて「一番手」となった。

正式に住宅ローンの審査を依頼するのと同時に、現在の住まいの売却を実行しなければならない。

物件Aの見学の前に、M社のK君に現在の住まいの売却査定をしてもらっていたが、築年数、広さ、仕様、立地から考えて売却は順調にいくだろうとの見込みだった。

気になる売却価格だが、購入時の4240万円は下回るが、現在の相場から考えると3700~3800万円くらいの設定が妥当だろうとのこと。

購入時より値下がりする点は残念ではあるが、近年では当たり前の傾向だと思えた。

Ｋ君との作戦会議で、まず３８８０万円で売り出して、購入希望者から値引き交渉が入ったら80万円を引いて３８００万円にするという案を実行することにした。

売り出しを始めてから10日後にＫ君から連絡があり、見学希望者が４組いるので直近の土曜日に午前と午後２組ずつ案内をしたいとのことだった。

以前、オープンルームを開催する時は、見学はできるだけ１日にまとめて欲しい希望を伝えていたのを覚えてくれていたようだ。

当日は10時、11時、14時、15時というタイムスケジュールで、オープンルームを開催した。

４組とも仲介会社はバラバラだったが、家族構成はディンクス、ファミリーだった。やはり、この部屋は一人で住むよりも、ディンクス、ファミリーに住んでもらうのが幸せなのかもしれないなと改めて感じた。

納得いくまで見てもらうため、クローゼット等の収納も自由に開閉してもらうようにした。

面積は65㎡と、3LDKの最近の傾向から見ると決して広いわけではなかったが、収納が多いのが部屋の魅力のひとつだった。来場した4組からも収納の多さは好評だった。

本来であれば私は売主としてオープンルームに立ち会うだけでいいのだが、つい長年就いていた職業の癖で室内の設備仕様等を自ら説明してしまった。

K君がやる仕事を私がやってしまったようだ。

そして、オープンルームの日は、猫たちの存在も場を和やかにしてくれた。

15時に最後の1組が帰り、K君とお茶を飲みながら話した。

昨日は、「オープンルームが始まったら、急に売却するのが惜しくなってしまうのではないか」と心配をしていた。

なんと言っても、間取りや仕様が気に入って購入した家だった。

実際オープンルームを終えると、今日来場した4組の中でここに住みたいと思ってくれる人がいるといいなと思った。

たしかに思い入れのあるいい家だったが、ここ何年かは3ＬＤＫのうち1ＬＤＫぶんのスペースで生活をしている状態だった。使用していない部屋は物置と収納と化していた。もう自分にはこの家は必要がなくなっているのであれば、ここに住むのに相応しい家族に引き継いでもらうべきだと感じた。


そんな話をＫ君にしている最中に、Ｋ君の携帯電話が鳴った。


なんと、オープンルームに来た4組のうちの1組が、購入申し込みをしたいと言っているとのこと。

1日で年齢層も家族構成も類似した4組に会ったため、オープンルームを終える頃には4組の顔や特徴がごちゃ混ぜになっていたが、聞けば一番熱心に室内を見学し、猫たちをしきりにカワイイと言っていたご夫婦だった。

オープンルーム終了直後に購入申し込みが入るとは驚きだったが、恐らくK君はオープンルームを開催すれば比較的早い時間で購入希望者が出ることは予想していたのかもしれない。

物件Aの審査が下り次第、契約手続きのスケジュールを立てることにして、その日は解散した。

K君が帰ったあと、この家で過ごすのもあと少しの間だと思うと感慨深かったが、マイナスの感情ではなく「卒業」の気持ちだった。

引き渡すまでの短い間、部屋をできるだけ掃除して、気持ちよく住んでもらえるように設備関連の説明書等も揃えて準備をしておこうと思いながら眠りについた。

〈売却したマンションの概要〉

・中野区の地下鉄駅より徒歩8分

・65㎡
・3LDK(玄関→廊下→リビング→バルコニー、リビングの左右に寝室が1部屋ずつ、バルコニーと逆側に和室という配置の間取り)
・2000年築
・7階建ての2階
・購入時価格　4240万円

いよいよ移住計画が始まる

現在のマンションの売却も決まり、新居となる物件Aの購入に向けて、住宅ローンの本審査を依頼した。

当初は当時住宅ローンを組んでいたS銀行で進めたいと考えていたが、今回は売却と購入という同時進行もあり金融機関の選定はM社のK君に任せることにした。

金融機関は予想どおり、以前感触のいい回答をしてくれたMS銀行を薦められたので、そのまま進めてもらうことにした。

すでに売却予定が立っていたことと、購入時よりも値下がりはしていたものの住宅ローンの残りを差し引いても十分資金が残るという点で、すんなり（？）と審査は通った。

今回はたまたま、購入希望物件を見つけるとほぼ同時に住んでいたマンションの売却がスムーズに進んだことで、いわゆる「購入先行」が実現したが、たいていは売却と購入の同時実行は難しいようだ。

売却の目途が立たないために住み替え先のローン審査が通らない場合もあるし、買い手が見つかってもその時に購入したい住み替え先の物件がない場合もあるからだ。


結局、売却額は３８００万円で応諾をした。

予想どおり、３８８０万円から値引き交渉が入ったとのことだった。

値引き交渉が入った際にまったく応じないのも心象が悪いので、10万円単位の端数切りはそういう点でも妥当なようだ。


また、１日に４組の見学を行ったことも功を奏したらしい。

ほかにも購入する可能性がある相手がいると思うと、真剣に考える人ほど早い決断をするのかもしれない。


見事な作戦に、K君やM社のスキルの高さに感激した思いだった。

いよいよ動き始めた吉祥寺への移住。
住み替えにあたって、お金関係と家具・荷物の整理をしなければ。

マンション貯金の効果

新居物件A購入に向けた住宅ローンの手続きを1週間後に控え、現在のマンションの売却後に残る金額について計算をしてみた。

購入時価格が4240万円。
売却額が3800万円。
住宅ローンの残りが2200万円。
差し引き1600万円のプラス。

といっても、購入時よりは440万円値下がりしているので、本当のプラスではないのかもしれないが……それでも、私は十分だと思っていた。

なぜなら、住んで約14年、もし同じ期間賃貸に住んでいたとしたら、恐らくこの160

0万円は手元になかっただろう。

これまでの生活を振り返ると、賃貸に住みながら1600万円の貯金をするのは絶対無理だったと思う。

以前、マンション購入者に向けたセミナーなどで、住宅ローンを「借金を背負った」と考えるのではなく、「マンション貯金を始める」という意識を持ってくださいという話を聞いたが、今回その意味を実感した。マンション貯金とはよく言ったものだなと、しみじみ思った。


そして再び、今後の資金のことを考えた。


売却後、ローン清算後に残るのが1600万円。

M社に支払う仲介手数料が計235万円。

手数料の内訳は、物件A、115万円、売却するマンション、120万円。

仲介手数料を引いても、1365万円が残る。

郵便はがき

料金受取人払郵便

新宿局承認

8477

差出有効期間
2020年12月
31日まで
（切手不要）

1 6 0-8 7 9 1

141

東京都新宿区新宿1－10－1

(株)文芸社

愛読者カード係 行

お名前《ふりがな》		明治 大正 昭和 平成 年生 歳		
ご住所《ふりがな》	□□□-□□□□		性別 男・女	
お電話番号	（書籍ご注文の際に必要です）	ご職業		
E-mail				
ご購読雑誌（複数可）		ご購読新聞 新聞		

最近読んでおもしろかった本や今後、とりあげてほしいテーマをお教えください。

ご自分の研究成果や経験、お考え等を出版してみたいというお気持ちはありますか。

ある　　ない　　内容・テーマ（　　　　　　　　　　）

現在完成した作品をお持ちですか。

ある　　ない　　ジャンル・原稿量（　　　　　　　　　　）

書　名			
お買上 書　店	都道 府県　　　　市区 郡	書店名	書店
		ご購入日	年　　月　　日

本書をどこでお知りになりましたか?
1.書店店頭　2.知人にすすめられて　3.インターネット(サイト名　　　　　　)
4.DMハガキ　5.広告、記事を見て(新聞、雑誌名　　　　　　)

上の質問に関連して、ご購入の決め手となったのは?
1.タイトル　2.著者　3.内容　4.カバーデザイン　5.帯
その他ご自由にお書きください。
(　　　　　　　　　　)

本書についてのご意見、ご感想をお聞かせください。
①内容について

②カバー、タイトル、帯について

弊社Webサイトからもご意見、ご感想をお寄せいただけます。

ご協力ありがとうございました。
※お寄せいただいたご意見、ご感想は新聞広告等で匿名にて使わせていただくことがあります。
※お客様の個人情報は、小社からの連絡のみに使用します。社外に提供することは一切ありません。

■書籍のご注文は、お近くの書店または、ブックサービス(📞0120-29-9625)、セブンネットショッピング(http://7net.omni7.jp/)にお申し込み下さい。

これを全て物件Aの頭金にしたいところだが、何せ現金の持ち合わせが少ないので、入居後に必要な家財道具もここから賄わなければならないことを考えると、できるだけ頭金を抑えてスタートし、入居後に可能なペースで繰り上げ返済をしていくのが賢明だろう。

こうして計算をしてみると、売却・購入、ダブルでの仲介手数料はやはり高額だ。正直、勤務先のT社にも売買仲介の部門があり、T社の仲介で契約をすれば社員特典で仲介手数料の割引が適用される。

ただ、今回私は勤務先の特典を使うことは一切考えなかった。

自分が多忙だったため、可能な限り手続き面で依頼できることは頼みたいというのが理由だ。しかるべき手数料を支払うからこそ、多少の無理も言えると思う。勤務先に依頼して、割引などを受けてしまったら、躊躇して必要最低限のことしか頼めなかっただろう。当時、お金より時間だった私にとってこれは重要なポイントだった。

また、前任のS君から含めると5年近く私の移住計画に付き合ってくれたM社の仲介で購入を実現したいと思っていた。

購入が決まりかけるたびに私が失業をしてしまったり、転職をしたりして振り出しに戻ることが数回あったのにもかかわらず、根気よく付き合ってくれたものだ。

そう考えると、仲介手数料235万円は惜しいとは思わなかった。

売却と購入の契約手続き

オープンルームで購入申し込みをしてくれたMさんご夫妻から正式な申し込みが入り、翌週に売却の契約と物件Aの購入の契約を行うことになった。

M社のK君からの情報によると、Mさんご夫妻は物件近辺に実家があり、共働きらしい。年収等の属性はごく平均的だが、親御さんからの援助もありほとんどを現金で賄う予定とのことだった。

当日はM社三鷹店に集合し、まずMさんご夫婦との売買契約から開始した。双方の仲介会社立ち会いのもと、Mさんが持参した自己資金300万円を預かった。この時に、100万円の束についている帯封をもらおうと思っていたのだが、新札ではなかったため帯はついていなかった（残念）。

なぜ、帯が欲しかったかというと、100万円束の帯封を持っていると金運が上がると聞いたことがあるからだ。

今回は残念だが、これから銀行での手続きも控えているので次に期待することにした。

その場でMさんから預かった300万円を確認するように言われ、ものぐさな私は「よく銀行にある、ダーッてお札を一気に数える機械はありませんか？」とK君に聞いたが、残念ながらないとのことで、面倒だが手で数えるしかなかった。

途中で億劫になり、K君にヘルプを求めたが、売主自身が確認をしなければならないらしく断られた。

おぼつかない手つきで300万円あることを確認し、売却手続きは終わった。


お茶で一服したあとは、いよいよ物件Aの購入手続きなので、今度は私が買主になる。

登場したのは物件Aの売主であるS社のK氏、名刺には「営業本部長」とある。

先ほどの売却の手続きと同様に進んでいく。


今度は私から300万円をK氏に渡す。

ちなみにこの300万円は、先ほど売却の契約時に買主のMさんから受け取ったものだ。

K氏も私同様に「数える機械ありますか？」とK君に聞いていた。

そりゃ面倒だしそう思うよなと思った。

K君が「ありますよ」と言ったので、一瞬「えっ⁉　なぜさっき出してくれなかった？」と思ったが、その直後に「ありますけど、うちの会社の機械を使ってあとで間違っていたことがわかると問題になるので、使ってはいけないことになっています」と答えた。

なるほど、そういうことか。

K氏は私と違う見事な手さばきで３００万円を数えていた。

このK氏、見た目は厳つい中年男性だが、契約書に社名のゴム印を押印する時に黒いスタンプ台と間違えて赤いスタンプ台に押してしまい、なかなか面白い人だった。

これで、無事に購入契約は終わった。

帰りは吉祥寺駅で下車し、オープンしたばかりのＫｉｒａｒｉｎａ（キラリナ）に寄った。

物件が決まらない時は、近くまで来ても吉祥寺の街にはあえて降りなかった。吉祥寺が、訪れる街ではなく帰ってくる街になるまで、我慢していたのかもしれない。

1階の輸入コスメショップに入ると店員さんが声をかけてきたので、「今月末に近くに引っ越してくるんです。引っ越したらまた来ますね」なんて話していた。どれだけ浮かれているのだ（笑）。

Ｋｉｒａｒｉｎａは、１９６０年代からあった古い駅ビルだが、改築を経て２０１４年4月にリニューアルした商業施設だ。旧ビル時代は、賃料をめぐってテナント側が抗議のうえ退去してしまい、長期間閉業をしていた時期もあったが、のちにユザワヤ、啓文堂書店が出店し、吉祥寺のシンボルのひとつになった。

特にユザワヤは手芸品以外に画材の品揃えも充実しており、吉祥寺に漫画家が多く住むようになった所以のひとつだと言われている。

そして、Ｋｉｒａｒｉｎａに改築後も、ユザワヤと啓文堂書店はテナントとして入っている。

駅ビルと言えばアトレ吉祥寺も、ロンロンという、吉祥寺で長年愛された駅ビルが前身だ。

こちらは、Ｋｉｒａｒｉｎａよりも少し前の２０１０年にオープンしている。

今でも、１階の食品街の一角はロンロン市場と名付けられており、ロンロン時代のテナントが残っていて、そのエリアは昔のように集合会計レジになっている。


大きな商業施設ができると、古くからの商店街は廃れてしまう傾向があるが、吉祥寺は駅ビルも昔ながらの商店街も共存していける良さがある。

アトレやコピスやＫｉｒａｒｉｎａと同じくらい、ハモニカ横丁も元気でいられるのだ。


改めて吉祥寺に住めることになった嬉しさが込み上げてきて、ウィンドウショッピングのあと、物件Aを見に行ってしまった。

次は1週間後、銀行での住宅ローンの手続きだ。

物件A購入の住宅ローンの手続きをする

1週間後の休日の土曜日に、MS銀行の吉祥寺ローンセンターで物件A購入のための住宅ローンの手続きを行うことになった。

固定金利にするか、変動金利にするか、何年でローンを組むかを決めなければならない。初めて住宅ローンを組んだ時とは、住宅ローンの商品内容もだいぶ変化しているし、選択肢が多くなっているぶん、迷うのが正直なところだった。

現在の住まいを購入した2000年当時は、住宅ローンといえば住宅金融公庫で限度枠まで借りて、次に年金住宅融資から、そして残りの足りない分を銀行または住宅専門ローン（住専）でという3本立てが一般的だった。

そして、金利の種類も固定金利が絶対安全で、変動金利がハイリスクというイメージが世の中で定着していた。

もちろん私もなんの疑いもなく、固定金利のみで「3本立て」でローンを組んだ。

その後、S銀行に借り換えをし、早く言えば「一本化」したのだが、借り換えを検討し始めたのが2007年8月頃で、当時は景気が持ち直しかけており、金利が日に日に上昇していた。

その焦りもあり慌てて手続きをしたが、S銀行での引き落としが始まると同時にリーマンショックが発生し、金利が急降下を始めていた。

「しまった！」と思ったがすでに手遅れで、30年の固定金利で手続きをしたばかりだった。もう数ヶ月検討が遅ければ、1％近く低い金利でローンが組めたと思うと悔しかったが、これればかりは仕方がない。

そんなこともあり、今回は慎重に進めたいと思っていた。

それなのに、事前に見ておくようにとM社のK君を経由してMS銀行から住宅ローンの利用ガイドとDVDをもらっていたが、忙しさにかまけてきちんと見ずに手続きの日を迎えてしまった。

当日は午前10時からの手続きだったので、若干寝不足のまま出向いた。間違えて駅を挟んで逆側の店舗へ行ってしまったというオチはあったが、無事に到着し手続きに入った。

対応してくれたのは、名刺に「所長代理」と肩書のある60歳前後の男性N氏と、30歳前後の女性F氏だった。

N氏がメインでF氏はアシスタント的な雰囲気だったが、N氏は住宅ローンの試算用のシステムの使い方に不慣れらしく、時折F氏に尋ねながら対応していた。恐らくかつてはバリバリの金融マンだったのだろう。

ちなみに今回、借入は2800万円とした。

正直なところ、売却額から住宅ローンを精算してもう少し多く頭金を入れることはできたが、今後のことを考えて最初に投入する現金をできるだけ抑えることにした。のちのち必要であれば、繰り上げ返済をすればいい。

せっかく、予習ができるように利用ガイドやDVDを用意してくださったのに、ほとんど見ないまま来たため、その場で金利の種類などを考えながら決めることになってしまった。

予習をしていないことはN氏やF氏にはバレバレだったに違いない。

いろいろ相談し、ローンの年数、金利は次のようにした。

・１４００万円を30年固定金利　２・４５％

・１４００万円を30年変動金利　１・１７５％

支払額は毎月約８４０００円、ボーナス払いはもちろんなしだ。

当初の予定ではこれで確定する予定だったが、N氏から「安心オプションを付けませんか？」という提案があった。

聞けば、ローンに特約を付けることができるらしい。

今は住宅ローンの金利が低いせいか、行員もできるだけ特約やオプションを提案するよう言われているのか、熱心にN氏が薦めてくるので、内容を聞いてみた。

特約の種類は、①8大疾病②がん③自然災害④ケガ・病気の4つ。
特約の付け方は、①+③+④、②+③+④、①+③、②+③、③+④、③のみとなる。
③の自然災害はもれなく付いてくるらしいが、吉祥寺で自然災害ってあるのか？

特約を付けると、毎月の支払いが0・1%〜0・5%アップしてしまう。金額にすると一番安い③のみで1366円、一番高い①+③+④で6960円が毎月のローンの支払いに追加されることになる。

普通に保険に入ることを考えれば決して高い金額ではないが、悩みどころとしては、この特約を付けられるのは最初のみで、途中で中止することも、あとから付けることもできない。

気になるのは②がんだが、②のみの特約はなく自然災害がもれなく付いてくるので、考えた末に①（8大疾病）+③（自然災害）のプランにした。毎月5542円の追加になる。

8大疾病特約とは、住宅ローン返済中（ただし、融資開始日から3ヶ月経過後）に「がん」「急性心筋梗塞」「脳卒中」「高血圧症」「糖尿病」「慢性腎不全」「肝硬変」「慢性膵炎」と診断されて、所定の状態になった場合に住宅ローンの残高が0円、つまり免除されるというもの。

たとえば「がん」であれば、診断されたら住宅ローン残高が0円になるらしい。以前住宅ローンを組んだ当時は、「団体信用生命保険（通称：団信）」はあったが、死亡時に住宅ローンがチャラになるというものだったので、がんと診断された時点で住宅ローンがチャラとはスゴいなと驚いた。

ただ、この8大疾病特約は2種類あり、今回の内容は借入時に20〜46歳未満であることが条件だ。46歳以上の場合はまた保険の内容が異なるらしい。

この時は、月々の返済が5000円増えちゃったなと思っていたが、のちにこの特約を薦めてくれたN氏に大きく感謝をする出来事が起こるのだった。

売却と引っ越しに向けて

ＭＳ銀行でローンの手続きを終えたあとは、物件Ａへの引っ越し前にいろいろとやらなければならないことがあった。

まず、翌週には現在のマンションを購入してくれたＭ氏ご夫妻が入居前のリフォームのために、業者同行で再度訪問することになった。

14年も住んでいたので、フローリングの傷や畳の擦れ等はそれなりの状態になっていることは仕方がないが、それ以外にお風呂でアロマキャンドルを焚きユニットバスの一角に穴を開けてしまったところや、玄関の人感センサーが1年以上も前に点灯しなくなっているのを放置していたり、またリビングのドアのラッチの動きも鈍くなっていたので、当日は立ち会いながらドキドキしていた。そんなことでキャンセルになったりはしないとは思うが。

結局不具合のあるところは全て開示したが、同行していた業者さんの「同じような修理を最近ほかで対応しましたから大丈夫ですよ」というコメントでスムーズに再訪問は終了した。

ただ、浴槽のフタだけはあまりに劣化していてそのまま引き渡すのが申し訳なかったので、引き渡しまでに新調しておくと伝えた。

K君に言わせると「現況引き渡し」の条件なので、浴槽のフタ含めこちらからは一切修理する必要はないらしいが、少しでも気持ちよく入居して欲しいという自分なりの誠意だった。

そして、その週末には新居となる物件Aの採寸を兼ねて下見に行った。

すでに売主S社が備品を撤去していたので、室内は完全に空室だった。

バルコニー側の窓と寝室側の窓を開けたら、南から北にとてもよい風が通った。

なんとなく、ここに住んだらこれからいいことが起こりそうだな、と感じたことを今でも覚えている。

今回は照明器具、エアコン、カーテンが全て新品で設置されており、フローリングもクロスもリノベーション済みだったので、引っ越しだけをすればよい状況だった。

そのまま入居することも可能だったが、いろいろ考えてリビングと寝室と廊下と洗面室にエコカラットを貼ることにした。

エコカラットとは、多孔質セラミックという素材でできた壁面に貼る大判のタイルのような壁材で、調湿、消臭効果もあるうえにデザインの種類が豊富なので、インテリア性も高い優れものだ。


廊下に貼られていたクロスは輸入物で高額な品番らしいが、好みではないので申し訳ないがそこも剥がしてエコカラットを貼ることにした。

また、売主のS社がリノベーションの一環で設置していた玄関の壁のミラーを撤去し、別の位置にミラーを貼ることにした。

バルコニーもウッドデッキが敷き詰められていたが、ホームセンター仕様の安っぽい（申し訳ないが）デザインだったのでこちらも撤去し、あらためて置敷きタイプのタイルを設置することにした。

家具の設置のための採寸もしたが、現在のマンションで使用している家具はテレビボードとセンターテーブル（ソファの前に置くテーブル）以外は置けないと感じた。ベッド、ソファ、ダイニングテーブル、イス、本棚は、新居のサイズに合わせて新調することにしよう。

家電製品も冷蔵庫は前より置き場が狭くなるので買い替えをせざるを得ないし、洗濯機も10年以上使用していてさすがに不具合が出始めているため、こちらも買い替え必須だ。

そう考えると、リフォーム費用はなくてもそれなりの金額は飛んでいくことになる。

そういう点では、リノベーション済みの物件で助かったと感じた。

これだけ出費があるうえに、クロスやフローリングの張り替えまで生じていたら、完全に予算オーバーだっただろう。

いろいろ物入りにはなるものの、通り抜ける気持ちよい風を受けながらワクワクしていた。

井の頭公園は目の前、吉祥寺の街の真ん中にいる。大げさだが人生最良の日だった。

銀行にて残金決済の手続き

いよいよ、現在のマンションを「卒業」する日と、物件Aの引き渡し日が決まった。

次のようなスケジュールになる。

9月22日　銀行にて売却、購入の残金決済、その後物件Aの鍵引き渡し
9月23日　物件Aにてエコカラットとバルコニータイルの施工、新規購入したベッドの設置、鍵交換工事
9月24日　昼間、物件Aへの引っ越し、夜間、猫たちの引っ越し
9月25日～27日　売却するマンションの片づけ・掃除
9月28日　売却するマンションの鍵の引き渡し

M社のK君の段取りのおかげで、新居に引っ越したあとに売却するマンションの片づけを、余裕を持ってできるので助かった。

9月22日は、午前10時にM銀行中野支店で売却の残金決済手続きをし、その後12時からMS銀行中野支店で物件A購入の残金決済をすることになっていた。

当日、K君から事前にもらっていた地図を頼りにM銀行中野支店に行くと、どうも店舗を間違えている雰囲気だった。M銀行の方が親切に近隣の店舗に連絡を入れてくれたが、私が来ている中野駅前の店舗ではなくて新中野駅前の店舗のようだ。

てっきり、私だけが間違えた店舗に来たと思って慌てたが、K君から携帯電話に連絡が入り、K君と同行している先輩社員のHさんも一緒に近くにいるらしい。

ということはK君たちも店舗を間違えたか？

ひとまずK君、Hさんと合流し、タクシーで新中野駅前の店舗に向かった。

タクシーの中でHさんが言うにはM銀行は残金決済に時間をとることで有名なため、同日に購入の残金決済の手続きが控えている場合は大事をとって、極力M銀行は使わないようにしているが、今回は先方からM銀行を指定されてしまったのでやむを得なかったらしい。

K君は、そういった事情から少しの時間の遅れも作りたくなかったにもかかわらず、店舗の案内を誤ってしまい申し訳ないとしきりに恐縮していた。

でも、まあ10時から開始しても2時間もあるし、12時からのMS銀行の手続きも中野支店で近いので、私は「大丈夫だろう」と勝手に楽観的になっていた。

M銀行に到着するとすでに購入者のM氏は到着しており、3人で遅れたことを謝るところからスタートしてしまった。

手続きが始まったが、M銀行側には12時から購入の手続きが控えていることは伝えてあるのであとは向こうの努力に任せるしかないだろう。

書類への記名・押印が続き、目の前に現金が置かれ、そこから自己資金分、諸費用、手数料等が引かれていき、最後に100万円の束がいくつか残った。

勝手に「これだけ余るのか」と一瞬期待をしたが、K君とHさんがすかさず、「このたびはありがとうございました。仲介手数料をいただきます」と残りの束を回収した。

口が裂けても言えなかったが、すっかり仲介手数料のことを忘れていた。


その時にふと見ると、札束にしっかり「帯封」がついていた。

銀行で手続きをしたから当たり前だが。

金額を数えようとしていたHさんに「あの、帯封もらっていいですか？」と聞くと、Hさんは「帯封？　もちろんいいですよ」と言って、全部の束の帯封をくれた。

Hさんが不思議そうに「何かに使えるのですか？」と聞いてきたので、「金運がよくなるらしいですよ。よかったら皆で持ちましょうよ。お財布に入れるといいらしいですよ」とK君、Hさんにも勧めた。

Hさんはいたく感心して、「なるほどね、これまで同じようなシーンで何も考えないで帯封を捨てていましたよ。だから、僕は金運がダメなんですかね～」と笑っていた。


今でもその時の「帯封」は、大事にお財布に入れている。

M銀行での手続きは無事に11時過ぎには終わった。

その後12時から、再び中野駅に戻りMS銀行で物件Aの購入手続きが控えていたが、Hさんは別件があるため、M銀行前で別れ、私はK君と一緒にバスで中野駅まで移動し簡単にお昼を食べることにした。

あまり時間がなかったので、駅前のガストに入り、ハンバーグ定食を食べながらK君と宅建試験の話や今までのことを話した。

K君は約1ヶ月後に控えた宅建試験に向けて勉強中だったのだが、話を聞くと仕事をしながら勉強時間を確保するのは大変だとぼやいていた。

K君は不動産経験が長く営業センスもあるので、免許がなくても仕事はできるかもしれないがやはり大手のM社は宅建の資格取得は必須らしく、宅建の資格を取らないと売りも買いも単独ではさせてもらえないらしい。なので、毎回私の手続きにはHさんなど社内の宅建免許を持っている上司が同席をしているのだという。

MS銀行中野支店に着くと、先日ローンの手続きでお世話になった吉祥寺ローンセンターのN氏と、K君の先輩社員のTさんが待っていた。

Tさんは、先日M社三鷹店で物件Aの契約手続きをした時に、重要事項説明をしてくれた。聞けば、本日は宅地建物取引士が立ち会う必要はないが、K君が売却と購入の同時手続きの経験があまりないので、手続きに手間取らないよう念のため応援に来てくれたらしい。

たいして高額物件を買うわけでもない私のために、本当に至れり尽くせりの仲介会社だなと思った。

私が、割引がある勤務先のT社ではなく、M社に依頼したのはこういうところも大きかったと思う。

そして、吉祥寺ローンセンターのN氏もわざわざ吉祥寺から出向いてくれたのは、自分が立ち会うことで中野支店の行員が処理を少しでも早くするように意識してくれたらという狙いらしい。そのほうが私を待たせる時間を少しでも短くできるからと。

M社のK君もTさんも、MS銀行のNさんも、私を気遣ってくれているのが嬉しかった。

Nさんの作戦が功を成し、手続きは1時間ほどで終了し、無事に鍵を受け取ることができた。

なんと言っても今回助かったのは、全部の工程を通して、ほとんど自分の所持金を動かすことなく買い替え手続きができたことだった。金銭の負担が最小限に抑えられたのは何よりもありがたかった。

その日は仕事を休めなかったので、鍵と手続き書類を持ったまま勤務先に戻ったが、いよいよ引っ越しだと思うと足取りは軽かった。

物件Aへの引っ越しに向けて

銀行で売却と購入の残金決済を終え、新居になる物件Aの鍵を無事に受け取り、いよいよ本格的に引っ越し準備に取りかかった。

まず、新居に持っていく家具は、当初の予定どおり、テレビボードとセンターテーブルと、ワインラックとキャットタワーに絞った。

ソファとベッドと本棚と自転車は、長年の使用ですでに耐用年数を超えていると判断し、処分することにした。

和室の座卓と書斎と称する部屋で使用していたデスク、ダイニングセット、そしてオープンシェルフは、リサイクルショップへ引き取ってもらうことにした。

そのほか、衣類、本、食器についてはこれを機に必要最小限だけ残し、あとは思いきって処分することにした。

実際に作業を始めると、新居に持っていく家具や荷物は少量なので、引っ越しの荷造りは簡単に終わった。

思ったより時間を要したのは、処分するものの片づけだった。

家具など大きいものは粗大ゴミに出すので、引っ越し当日に業者さんに手伝ってもらって外に出すことにして、問題はそのほかの細かい不用品だった。

40リットルと70リットルのゴミ袋を大量に購入し、毎日のように不用品を詰め、マンションのゴミ置き場に出していた。

何が多かったかというと、なんと言っても衣類だ。

なにせ、4人家族分の収納がある家に一人で長年住んでいたのだ。

捨てても捨てても収納という収納の中から衣類が出てくる始末で、もちろん大半がもう何年もの間、着るどころか出したことすらないものばかりだった。

面積が狭ければ、メンテナンスという意味で定期的に不用品の処分をせざるを得ないだろうが、部屋数も収納も多いと詰め込み続けられてしまうから、今回のように苦労をすることになるのだ。

今さら気づいても遅いが、こうなると広い家に住むのも善し悪しだ。

翌日は祝日だったが新居に出向いて、新調したベッドの搬入とエコカラットの工事の立ち会いをした。

エコカラットの工事をしてくれるC社のK氏が新居に来ることになっていたので、10時頃の到着を目指し吉祥寺に向かった。

駅の改札を出て、アトレの中を通って新居に向かったが、なんとアトレの出口から2分くらいで到着してしまった。

そう言えば前は公園口が最寄りの出口だったため、駅から徒歩6分だったが、ロンロンがアトレになってからはアトレの中を通ると実質徒歩2分弱だとK君が言っていたのを思い出した。

最初に物件Aを検討した時はまだアトレがオープンする前だったので、待った分だけいいこともあるなと改めて思った。

Ｃ社のＫ氏がアシスタントのＡ君と共に到着し、一緒に材料を部屋に運んだ。バルコニータイルを大量に持ってきてくれたが、バルコニーが予想よりだいぶ狭かったようで半分以上余り、持ち帰ってもらうことになってしまった。

エコカラットはリビング、寝室、玄関、廊下、洗面室といたるところに貼ってもらった。Ｋ氏とＡ君２人で丸一日かかってしまったが、思った以上に部屋の雰囲気に合っていて嬉しかった。

箱はできあがったので、明日はいよいよ引っ越しだ。

明日からよろしくね！　という心境だった。

引っ越しの日を迎えて

いよいよ吉祥寺への引っ越しの日を迎えた。

新居は大通りに面しており、土日は車も人も非常に混み合うので、引っ越し日はあえて平日にした。もちろん料金も平日のほうが安い。

業者の選定は、業務上引っ越し業者に詳しい勤務先の同僚の意見を参考にした。現実問題、企業規模に限らずどこの引っ越し業者も何かしらのトラブルやクレームは発生しているらしい。なので、これまでの記録で比較的クレームの発生頻度が低いと思われる業者に決めた。

普通は複数の引っ越し業者から見積もりを取る（相見積もり）らしいが、営業の電話が頻繁にかかってくることが懸念されたのと、あまり準備に時間を割きたくなかったので、今回は一社に絞ることにした。

時間と関係のないところで少しでも料金を抑えたかったので、梱包用のダンボールはリサイクル仕様を選択した。これは、ほかで使用した比較的状態のいいダンボールを支給してもらい、使い回すというものだ。

梱包する分にはもちろん問題はないが、前の使用者が書いたと思われる「子供衣類　冬物」などという文字を見ると、せっかくの引っ越しなのに「ガクッ」とくるのは否めない。でもまあ、引っ越しが終わったら処分するか、回収に来てもらうだけなので、環境のためにもリサイクル仕様で十分だろう。

料金を抑える方法はほかにもあり、引っ越し当日の旧居での搬出時間を業者に任せるというプランだ。これは時間を決めずに、業者がほかの現場に向かう途中などに「ついで」に寄り、搬出をするというプランで、料金も1割以上安くなる。

安いのは魅力だが、今回は計画性を重視したかったので、こちらは利用しなかった。

当日は予定どおり、午前8時に引っ越し業者が旧居に来た。

作業員は3人だが、今回は持って行く家具・荷物は少ないので楽勝だろう。

猫たちには申し訳ないが、ひと部屋荷物の搬出がない部屋を閉鎖して、作業の間その中にいてもらうことにした。引っ越し作業中の猫の脱走は多いので仕方がない。

1時間ほどかけて新居に持っていく荷物をトラックに搬入した。

引っ越し業者3人には先にトラックで新居に向かってもらい、私はパソコン等精密品と手荷物だけを持ってタクシーで追いかけることになった。

猫たちはこのまま旧居にいてもらい、夕方までに新居の家具搬入と荷物整理をして、夜迎えに行き、一緒に新居に行くことにした。

タクシーで方南通りを通ると、普段通っていたスーパーや本屋が見えた。

10年以上もお世話になった街に、「お世話になりました。ありがとう」と言った。

井の頭通りに差しかかると、ようやく吉祥寺に引っ越す実感が湧いてきた。

新居となる物件Aに到着すると、すでに引っ越し業者のトラックが到着しており、スタッフ3人は少し休憩をしていた。私が到着しないと部屋に入れないのだった。

慌ててタクシーから降りて部屋の鍵を開けると、3人は早速家具の搬入を始めた。

事前に家具配置を書き込んできた図面を廊下に貼り、見ながら家具を搬入してもらった。キャットタワーは南側の窓際に置いてもらった。一番陽当たりのいい、この家の特等席だ。

3人は「こんなに陽当たりのいいところにキャットタワーがあったら、猫も幸せですね」と言ってくれた。

なんと言っても、私が仕事に行っている間も在宅するのは猫たちなので、これくらいはしてあげたい。

旧居から持ってきた家具・荷物は少なかったので、お昼過ぎには引っ越し業者の作業は終わり、午後からは自分で衣類をクローゼットに入れたり、キッチンに食器を収納していた。本棚は後日届く予定なので、本のみダンボールに入れたままの状態で置き、その他のダンボールは全て開封して、後日業者の引き取りを依頼した。

ひとまず、新居の片づけを終えると、猫たちを迎えに再び旧居に戻った。一室に閉じ込めてしまったが、ご飯とトイレを完備してあったため、わりと落ち着いていた。

室内を見回すと、まだ処分しなければならないものがかなりあったが、明日以降引き渡しの日までに処分するとして、今日のところは猫たちを新居に連れていき、夜は一緒に過ごすことを優先した。

キャリーバッグを2個用意し、1匹と2匹に分かれて入ってもらい、再びタクシーで新居まで移動した。

朝、新居に向かった時と同じルートだったが、夜になっていたため景色も違っていた。朝は気づかなかったが、井の頭通り沿いにパン工場直営のベーカリーがあった。落ち着いたらぜひ行ってみよう。


新居の前でタクシーを降り、部屋に向かった。

3匹を運ぶのはさすがに重い。


玄関に入り、キャリーバッグを開けると、猫たちはオドオドしながらも室内の探検を始めた。

3匹の中で一番大きいモモスケが一番オドオドしていた。

みんな、今日から吉祥寺の猫だよ。


旧居に残してきた処分予定のガラクタを思い出すと気が滅入ったが、今日のところは引っ越しの疲れもあるし、ゆっくり眠ることにした。

吉祥寺暮らしの始まり

吉祥寺暮らし初めての朝を迎えた。

昨日はなんとか新居の家具・荷物の整理を終えてから眠りについたので、まだ揃っていないものもあるものの、とりあえず吉祥寺ライフのスタートをきった。

新居は南向きの8階なので、朝から日当たりがよくて気持ちがいい。

引っ越しの片づけのあとに猫たちの移動もあり、旧居と新居を2往復もしたので、身体の疲労は尋常ではなかったが、仕事を休めない状況だったため今日も会社へ行かなければならない。

そして、旧居の引き渡しまであと3日となっていたので、今日も帰りに旧居に寄り、片づけをしなければならない。

本音は早めに帰宅して、新居の近所にある「もんくすふーず」で一人引っ越し祝いの外食をしたかったが、旧居をきちんと引き渡すまでが私の役割だ。

それに吉祥寺にはこれからずっと住むのだから、「もんくすふーず」にはいつでも行ける。

「もんくすふーず」は１９８３年開店の、吉祥寺のオーガニック食堂だ。

私の憧れの人のひとりである、漫画家の大島弓子さんの作品にも登場する、吉祥寺で言わずと知れた老舗健康食堂である。

外食費が高いイメージがある吉祥寺だが、「もんくすふーず」は１０８０円で男性も満腹になるランチを食べることができる。


勤務先は渋谷なので井の頭線で通勤をすることになるが、今日は吉祥寺駅ではなく井の頭公園駅まで歩くことにした。

井の頭公園駅までは公園を通っていくので、朝の散歩には最適なのだ。

今までは休み明けの出勤は憂鬱なことが多かったが、今日から毎日吉祥寺に帰れると思うと朝から気分がよかった。

仕事中も終業時間になるのが待ち遠しくて仕方がなかったほど帰りたかったが、その前に旧居に行き、片づけをしなければ。

その日も会社を出ると、いったん旧居へ寄った。

新居に持っていくべきものは運び終わっているので、今旧居に残っている物は「処分」するものになる。

その日に処分をしたもの。

・ハンガー　１００本
・ＶＨＳビデオテープ　20本
・衣類　50着
・本　30冊
・その他、意味不明なガラクタｅｔｃ．

クローゼットを含む収納が多い部屋だったので、収納という収納からいろいろなものが出てくる。

引っ越しの朝に慌てて必要なものだけを荷造りして、持っていかないものを放置した結果だ。


結局、旧居の片づけには翌日、翌々日と3日も要してしまった。


旧居で使用していたカーテン、照明、エアコンは、買主のM氏の意向でそのまま残すことになった。

引き渡し後、リフォーム工事予定らしいが、カーテンも照明もエアコンも新調するにしても、新規設置までの間に少し時間もかかると思われるので、その間に仮で使用するには十分だろう。

だいぶ年季は入っているものの、カーテンは輸入デザインのオーダーで寸法もジャストサイズだし、照明・エアコンも著名なメーカーの商品だ。

私も取り外しや処分の手間が省けるので助かる。

旧居の引き渡しを翌日に控えた夜に、やっと部屋を空にすることができた。

最後に掃除をして、引き渡しの日にM氏に渡すものを揃えた。

部屋の設備関係の取扱説明書や購入時の物件パンフレットだ。

築14年にもなる中古マンションなので、リフォームをするにしても設備を使用するにしても、メーカー名や型式などが明記されている資料は必要だろう。

そして、入居した時に購入したレンジフードのフィルターも一緒に渡すことにした。この家のレンジフードにしか合わない形状なので、新居には持っていけないし、購入すれば専用枠付きで2000円くらいはかかる商品なので、使ってもらえたら嬉しい。


いよいよ明日は旧居をM氏に引き渡す。

旧居からの卒業

旧居との別れの日を迎えた。

13時に旧居で鍵の引き渡しをする。

買主のM氏と私と、M社のK君と集合し、部屋の最終確認をすることになっていた。

当日は午前中に寄るところがあったので、旧居に到着するのがギリギリになってしまった。

旧居に向かう途中、M社のK君から連絡が入った。

「？」と思いながら出ると、「現況引き渡しが売却の条件で、それを前提に値引きもしているので、室内の確認で先方から何か言われても『こちらで修理をします』というようなことは言わないでください」というK君からのアドバイスだった。

先日、自ら浴室のフタを新調すると言ってしまったこともあり、室内の最終確認でまた私が余計なことを言わないように釘を刺してくれたのだった。

今日でこの道を通るのも、あの部屋に入るのも最後だなと感傷に浸ろうと思っていたが、そんな余裕はなく、旧居のエントランスに着くとすでにM氏ファミリーとK君が待っていた。

「いつもバタバタしていてすみません」と謝りながら室内に入った。

売却の契約の日も、銀行での契約の日も遅刻をしていて、最後もギリギリになってしまった。

M氏に渡すつもりで用意をしていた、取扱説明書等が入った箱とレンジフードフィルターを渡すと、M氏は非常に喜んでくれた。

私はM氏ファミリーにこの家で幸せに生活をして欲しいと心から思った。

なので、部屋の中で家具を撤去したあとに出現したキズや跡についても、こちらから提示をした。

修繕義務はないとは言え、不備を隠して引き渡しはしたくなかったのだ。

1時間ほどで確認を終え、鍵の引き渡しをすると、M氏ファミリーは引き続き室内の採寸をするため残るとのことだったので、私とK君は先に退室することにした。

玄関でM氏に見送られる時にK君が「いつもと逆ですね」と言い、みんなで笑った。オープンルームもリフォーム前の確認の時も私が出迎えて見送っていたが、今日は見送られる側だ。そして、この扉を閉めたらもうこの部屋に入ることはないのだ。

挨拶をして扉を閉めたあと、共用廊下を歩きながら「この中廊下好きだったな」と、ここに引っ越してきた日のことを思い出した。

「卒業」することになったが、この家を購入したことで、吉祥寺への移住も実現できたのだから、感謝の気持ちでいっぱいだった。

これから別の営業先に行くというK君とエントランスで別れると、一人で建物を外から眺め、「14年間ありがとう。さようなら」と言い、旧居をあとにした。

吉祥寺への移住を決意してから、6年近い年月が経っていた。移住が叶いそうになると、中断せざるを得ない出来事が起こり、当時自分は不運だと思い込んでいたが、6年という時間が功を成す出来事がこのあと待っていた。

吉祥寺へ移住してから　～お金の整理～

吉祥寺への移住を実現してから1ヶ月が経過した頃、『お金』の整理をした。

旧居のマンションの売却から新居物件Aの購入手続きを終えたあとに、手元に300万円の現金が残っていた。

M社のK君の辣腕ぶりのおかげで、旧居の売却で受け取った買主M氏からの手付金をそのまま新居物件Aの手付金として移行したため、自分の口座の現金の出し入れが一切なく手続きができた。

まず、住宅ローン以外の『借金』を精算することにした。

債権者は金融機関ではなく、妹だ。

なぜ、妹から借金をしていたかというと、まぎれもなく旧居の『住宅ローン』が関係している。

話は2000年に遡るが、今回売却をした旧居の購入と同時に私は結婚をしていた。

当時の夫と共有名義の連帯債務という形で、住宅ローンの支払いをスタートさせた。

その後、紆余曲折あり2007年に離婚、当然マンションをどうするかという話になった。

マンション自体はとても気に入っていたため、私が債務（いわゆるローン）を全て引き受けて、返済も単独でしていくことで合意をした。

当時は私の年収も500万円前後あり、年齢も今より若かったため、十分に返済をしていける自信があった。

ところが『連帯債務』とは想像していた以上にやっかいだった。

当時住宅ローンを『住宅金融公庫』『年金住宅融資』『住宅ローン専門会社（住専）』の3本立てで組んでいたのだが、離婚にあたり3本全ての債務名義を私単独にしたい旨を申し入れたところ、『住宅ローン専門会社（住専）』だけが、頑として返済が終わるまで名義変更は認めないという回答だった。

仕方なく、そのまま私が住宅ローンを払いながら『住宅ローン専門会社（住専）』の分だけを集中的に繰り上げ返済をし、完済と同時に連帯債務を外すという方法を当時の夫に提案したが、連帯債務を外すことを離婚の条件にされてしまい、それができないようであれば即刻物件を売却するように義父母も巻き込み強要されてしまった。

精神的にも参っていた時期だったが、なんとか物件を手放さずに済む方法はないか、方々に相談をした結果、とりあえず現金をかき集めて『住宅ローン専門会社（住専）』分のローンだけを完済させて、連帯債務を外し私の単独名義に変更をした。

当時『住宅ローン専門会社（住専）』のローンの残金は８４０万円残っており、２００万円を自分の貯金、残り３００万円を祖父、１９０万円を妹、１５０万円を母から借りた。祖父から借りた３００万円と母から借りた１５０万円、計４５０万円はその後６年かけて返済した。

ずっとダブルワークをしていたのに、物件の買い替えの時に手元に現金がほとんどなかったのは、何を隠そうこの返済をしていたためだった。

祖父と母に毎月返済をしている間も、妹からは「すぐに必要なお金ではないから無理のない時期に返してくれればいいよ」と言われ、すっかり甘えていたのだった。

そこで、今回いい機会なので妹に一括返済をすることにした。

利子と言うにはほど遠いが、6年もかかってしまった迷惑料として10万円を追加し、ジャスト200万円を送金した。


これで長年自分に重くのしかかっていたものが、取れたように感じた。


新居の住宅ローンをMS銀行で手続きをした時に、旧居の売却額から計算をするともう少し新居の頭金の額を増やせたが、入居後にエコカラット等プチリフォームをする予定があったので、リフォーム費用としてストックをしていた。

その後、今回エコカラットを施工してくれたK社長から工事費無料の嬉しいプレゼントがあり、リフォーム費用が不要になってしまい、MS銀行に同額の繰り上げ返済をした。

これでいったんお金の気になることは片付いたが、その数ヶ月後、意外な展開が待っていた。

まさかのがん告知⁉

２０１４年9月よりスタートした吉祥寺ライフも落ち着いてきた12月頃、ふと人間ドックに行こうと思い立った。

特に体調が悪かったわけではなくて、２月から始まる勤務先の繁忙期に備えて身体の点検をしておこうと思ったのだ。

基本的に私は病院が嫌いだ。

なので、点検したい箇所はたくさんあるものの、時間をかけていろんな医療機関へ行くのは嫌だなと思っていた。

一度に全身を点検できて、さらに1日で済むのは人間ドックかなと思ったが、もっと細かく点検できる方法はないか。

そんなことを考えていた時、愛用している通信販売のカタログの中に『ＰＥＴ-ＣＴがんドック受診割引券』と書かれたチラシが入っていた。

読んでみると、1回で全身のがん検診ができるらしい。

脳ドックをオプションで付けると約10万円と高いが、1回で済むのと全身を点検できるという点では高くはないなと思った。

早速申し込むと12月の第2土曜日に予約が取れたので、中野区の総合病院に出向いた。

検査自体は、さほど負担に感じるものではなかった。

まず検査着に着替え、検査薬を注射し1時間ほど安静にしたあとに、PET‐CTドックの検査が始まった。

検査薬は放射性物質を組み込んだブドウ糖が成分らしい。

検査薬を全身に浸透させるために1時間ほど安静にするのだ。

がん細胞の「健康な細胞に比べ、3〜8倍ほどのブドウ糖を吸収する」性質を利用して、体の一部に集まっていないかを画像確認ができる検査だ。

病院の建物や全体的な機器は古めかしいのに、PET‐CTドックの機器と設置されている部屋だけはキレイだったので、新しい設備なのだろう。

その後、脳ドックを受診したが、こちらはPET‐CTドックの機器とはガラリと変わり、ＭＲＩの機械が古そうでベッド部分の一部はガムテープで補修されていた。

朝10時頃から始まった検査だったが、13時過ぎには終了した。

年末年始を挟むため、検査結果は年明けに届く予定とのことだったので、年末年始は何も考えずに過ごすことにした。


年末年始の休暇が終わった頃、ＰＥＴ‐ＣＴドックと脳ドックを受診した病院から、1週間差でそれぞれの検査結果が届いた。

まず、脳ドックの結果が届き、所見に「未破裂脳動脈瘤の疑い」というコメントと共に再検査を勧める所見が記載されていた。

父が42歳の時に脳溢血で亡くなっていることもあり、心配になって再検査を受診したが、結果的には問題はなかった。

その後、ＰＥＴ‐ＣＴドックの検査結果が届いたが、こちらが問題ありだった。

検査結果の所見に『左乳房に病変性の腫瘤を疑います』とのコメント。

わかりやすく言うと、左胸に『シコリ』があるかもしれませんということだ。

これには、さらにビビった。

何を隠そう、私が16歳の時に母が乳がんの手術を受けていたのだ。

もう25年ほど前になるが、その時の母は今の私と同じ年齢だった。

母のことがあったため、定期的にセルフチェックで胸を触って確認していたが、シコリらしきものがある感覚はなかったので、検診には久しく行ってなかったのだ。


結局、その病院で再検査を受診したあとも『腫瘤あり』の疑いは晴れなかった。

元看護師の妹に相談をして紹介をしてもらったクリニックの医師から、がん専門の総合病院に紹介状を出してもらい、そちらに検査に出向いた。

週1日の外来で3週間ほどかけて、マンモグラフィー検査、MRI、針生検をしてもらい、3月2日に乳がんの告知を受けた。

普通はがんの告知を受けるとショックを受けるものだが、私の場合は少し違った。

私が16歳の時に母が乳がんに罹患しており、世の中のがん罹患率も年々上がっていたので、そういう意味ではがんは避けられないかもしれないと20代の頃から感じていた。

そして、何よりも吉祥寺に移住したあとだったので、もう少し移住を決意するのが遅かったら住み替えは叶わなかっただろう。

なぜなら、がんに罹患すると住宅ローンを組むことは、基本できない。住宅ローンの融資条件になる『団体生命信用保険』に加入ができないからだ。

それに、『たまたま』身体の点検をしようとPET-CTドックの受診をして、乳がんを発見したというラッキー？　とも言えるタイミングだった。

これは闘病記ではないので細かい病状は割愛するが、その後5月に入院し、手術を受けることになった。

入院が決まってから、ふと昔加入していた保険があったのを思い出し、保険証券を引っ張り出してみた。

2社加入しており、AとZだった。

Aは28歳の時に加入していた。当時は今ほどCMなどの宣伝が頻繁ではなかったが『一生保険料が上がらないがん保険』というキャッチコピーが印象的で、かけ捨てだったが、月3900円が一生上がらないのは魅力的だった。

Zは、やはり28歳の時にかけ金の安さに惹かれて加入した。こちらは月3400円だった。

保険証券を見直してみると、Aは診断給付金がなんと200万円も出ることがわかった（ただし、1回限り）。

保険の威力はこれだけではなかった。

そのほかにも、Aは手術給付金が40万円、入院給付金が1日2万円、Zは手術給付金が6万円、入院給付金が1日5000円も出ることになった。

かけ捨て保険なので、何もなければ貯蓄性もなく、その名のとおり「捨て」になるが、恐るべき威力だった。

がんの告知を受けて、電卓片手に金勘定をしているのもどうかと言われそうだが……。何よりもがんの告知をされ、お金の心配までしなくてはならなくなるところを、その心配がないだけでも恵まれていると、つくづく思った。

そして、このあと私は、もっと重要なことを思い出すのである。

住宅ローンに特約を付けたことを思い出す

吉祥寺ライフが軌道に乗り始めた頃、2015年3月2日に乳がんの告知を受けた。すぐに入院というつもりでいたが、当時入院の順番待ちの患者が50人もいる状況だったため、手術は結局5月中旬となった。

入院の日を迎えるまでの間、仕事に行きながらこれまで加入していた保険の内容を確認していた。

10年以上前から加入していたかけ捨てのがん保険と医療保険から予想以上の給付金が出ることがわかり、治療にかかる費用や休職中の生活費などの心配はなくなった。

そんな時にふと、吉祥寺の住まいを購入した時に、住宅ローンに8大疾病特約を付けていたことを思い出した。

たしか、がんも対象だったはずと思いながら資料を探し内容を読むと、『がんと診断された時点で住宅ローンが0になる』と書いてあった。

ただし、非浸潤がんは対象外との記載だが、私はすでに「浸潤がん」との診断を受けていたので、対象になるのではないか?

翌日早速、住宅ローンを組んだMS銀行に連絡を入れたところ、保険会社から連絡をさせるとのことだった。

2日ほどあとに保険会社から連絡がきた。

担当と名乗る女性から「失礼ですが、告知をされたがんは非浸潤ですか?」と質問され、「すでに浸潤がんの告知を受けており、診断書も用意できます」と言うと「失礼いたしました。では、当社書式の診断書を送りますので、記入して送ってください」とのことだった。

住宅ローンと同時に加入した8大疾病特約なので、加入から1年も経たないうちにがんが見つかったことになる。

果たしてこんな短期間で保険が下りるのだろうか？

ちょうど翌週外来があり、主治医に事情を話していくつか診断書の作成をお願いする旨を伝えた。

８大疾病特約の話には主治医も驚いて「夢のような保険ですね～」と言っていた。

入院予定の病院では、診断書の作成は１通４５００円かかる。

これが高いのか安いのかはわからないが、主治医も１通４５００円は決して安くないうえに、そのお金がどこに入るのか不明だと言っていた。

帰りに診断書窓口で診断書作成の依頼をした。

住宅ローンの８大疾病特約は某外資系のＫ生命、がん保険のＡはそれぞれ１通用意しなければならない。

医療保険のＺはコピーでもいいそうで、さすが庶民の味方の保険だ。

2週間ほどで診断書ができあがり、早速各保険会社へ発送した。

がん保険のAは、書類発送後1週間ほどで診断給付金の200万円が振り込まれた。噂に聞いていたとおり、対応の早さに驚いたが、10年以上前に加入した保険なので審査も必要ないのだろう。

そして、肝心の8大疾病特約のK生命については、やはり加入からの期間が短かったため、保険調査員との面談を依頼された。

翌週、自宅の近所のカフェで保険調査員のK氏と会うことになった。

K氏は50代前半の女性で、ちょっと変わった眼鏡をかけており、調査員らしい風貌だった。

乳がんの告知を受けるまでのことや、手術の予定などを聞かれ、順を追って話した。

K氏から、これから告知を受けた時の主治医をはじめ、そこに至るまでに診察を受けた医療機関全ての担当医にヒアリングをしなければならないので、同意書に署名をして欲しいと申し出があった。

正直、自分は不正なことは一切していないので、納得がいかない部分もあったが、保険会社の調査に応じないことには結論が出ないので、仕方なく同意書の署名には応じた。そんな気持ちが表に少し出ていたのかK氏は少し恐縮していたが、それだけ世の中には保険にまつわる不正が多いのだろう。

K氏と面談をした翌週から入院とその後の静養のため、1ヶ月間休職をすることになっていた。

とりあえずその時点でやれることはやったので、人生初の入院生活を満喫していた。

手術を終えた2日後、様子を見にきてくれた主治医から、先ほど保険会社の調査員が面談に来たことを聞いた。

やはり、加入してから1年も経たないうちにPET-CTドックを受診したことについて念入りにヒアリングをされたらしい。

主治医は私がPET-CTドックを受診した意図も経緯も知っているので、不正である可能性は皆無に等しいことと、私が不正をするような人物ではないと断言してくれたらしい。

そして「無事に審査がおりるといいですね」と言ってくれた。

その時、状況的に審査が通るのは難しいかなと感じたが、主治医も忙しい中面談に応じてくれていろいろとフォローをしてくれたし、あとは結果を待つしかないだろう。

まさかの住宅ローン完済

約14日間の入院を終え、自宅に戻った。

手術は想像以上に体力を消耗するのか、今までのような体力がなく毎日自宅で安静にしていた。

職場への復帰を翌週に控えた日、昼寝をしようとしていると電話が入った。

出てみると保険会社からで、担当者の声のトーンが低めだったので、「ああ、審査がダメだったのかな」と思ったが、話を聞くと審査が承認され、保険の実行が決定したとの連絡だった。

半分諦めていたのでびっくりしてしまい、数秒無言になってしまったが、すぐに冷静になり「あのっ、これから私がやることや手続きはありますか?」と聞いたら、近日中に銀行から手続きの案内を送るので、それを待ってくださいとのことだった。

私の入院後のフォローをするために上京していた母に、保険の審査が通って住宅ローンの返済が免除になった旨を話すと、すごく驚いていたのと同時に安心した様子だった。聞けば、母は私が入院前のようなペースで働けなくなったら住宅ローンの返済は難しくなるのではと心配していたようだった。

私には言わなかったが、実家に連れて帰ることも考えていたようだった。

もちろん保険がおりたことは私自身も精神的に救われたが、それよりも母の心配が少し軽くなったことが嬉しかった。

母も同病の経験者なので、私の病後の経過はいつも心配しているが、そんな中で金銭的な不安まであるのとないのでは雲泥の差だろう。

その週の土曜日、ＭＳ銀行から指定された新宿のローンセンターに出向いて手続きをした。

応接室に現れた担当の女性が挨拶後即座に「もう退院されたんですか？　ずいぶんお元気そうですね～」と言ったので少し笑ってしまった。

やはり乳がんの手術後と聞くと、もっと弱々しそうにしているイメージがあるのだろう。

いくつかの書類に署名・捺印をして、1時間ほどで手続きは完了した。

これから登記の抵当権を外すため、後日、司法書士事務所から書類が届くのを待つだけだ。

そしてさらに驚くことに、ローンの支払い免除は申請をした月に遡るとのことだった。

7月まで住宅ローンの引き落としが継続されていたので、入金済の6ヶ月分と住宅ローンを組んだ時に支払った保証料約50万円が返金されるらしい。

自宅に帰りながら、しみじみと考えた。

2014年9月に吉祥寺に移住してから1年もしない間に、住宅ローンが終わってしまったことになる。

もし、いまだに吉祥寺に移住していなければ、以前のマンションでローンも残ったままだった。

そして、今住んでいる物件Aは3回目の出会いで購入をしたが、2回目に出会ったタイミングで審査が通っていたら、恐らく別の金融機関でローンを組むことになっていたので同じくいまだに住宅ローンは残っていただろう。

また、違うタイミングや違う物件で移住を決めていても、同じように住宅ローンは残っていただろう。

そう考えると、2014年の夏に物件Aの購入を決定したことには大きな意味があったのだと思えた。

吉祥寺へ移住した今思うこと

２０１４年９月から始まった吉祥寺暮らしも、今年で４年目を迎えた。

勤務先は渋谷から新宿に変わったが、相変わらず普段は会社に通勤し、休日はほとんど家から半径１キロ以内で過ごす生活をしている。

吉祥寺に移住してから、休日に電車に乗って出かけることはほとんどなくなってしまった。

味気ない日々だと言われればそれまでだが、これも吉祥寺に住んでいる幸せのひとつだと思う。

まだ移住を夢見ていた頃、私には移住後にやってみたいことがあった。

・井の頭公園のベンチで読書をする。
・三浦屋で買い物をした紙袋を下げて、井の頭公園を散歩しながら家に帰る。
↓これは映画「グーグーだって猫である」のエンディングのシーンで、主演の小泉今日子さんが演じていた姿が印象的だったからだ。
・井の頭公園の散歩の延長で、自然文化園のアジアゾウのはな子に頻繁に会いに行く。
・ハモニカ横丁の朝市に行く。
・サトウのメンチカツを持ち帰り自宅で食べる。
・吉祥寺ねこ祭り（毎年10月に開催）のスタンプラリーを制覇する。
・カーニバルで惣菜を買う。
・小ざさの幻の羊羹を手土産の定番にする。ｅｔｃ．

どれも些細なことで笑われてしまいそうだが、ほぼ実行している。

三浦屋はライフや西友に比べると割高なので、毎日の買い物というわけにはいかないが、まあときどき。

井の頭自然文化園のアジアゾウのはな子は、2016年5月に69歳で亡くなってしまったが、移住後、真っ先に井の頭自然文化園の年間パスポートを作り、井の頭公園の散歩コースの延長で、頻繁にはな子に会いに行っていた。

もっと長くこんな時間が続くと思っていたのでショックだったが、少しの間でも近所に住むことができてよかったと思う。

はな子が過ごした園内の運動場は現在もそのままの状態で残っており、駅前のロータリーにはな子の銅像が建立され、待ち合わせスポットとして多くの人に愛されている。


小ざさの幻の羊羹は、ときどき購入している。

早朝6時台から並ぶ必要があるが、家から徒歩圏なので、始発を乗り継いで並びに来る人たちから見ると、ちょっと早めの朝の散歩の程度だ。

何十年も通う年配の常連さんたちの優しさに触れたり、顔見知りができたりという楽しみがある。

ハモニカ横丁の朝市同様に、早起きが楽しくなる吉祥寺名物のひとつだ。

また、これまで維持していた「住みたい街ナンバー1」の地位は、2018年の今は恵比寿や横浜に次ぐ3位になっている。

それでも相変わらず電車に乗って訪れる人が街に溢れている。

世間のランキングに左右されないたくさんの人たちに街が愛されているということだろう。

私にとって「帰ってくる街」になった吉祥寺は、今でも「世界一愛する街」だ。

大学入学で上京するまで、借家の実家で自分の部屋さえもない子供時代を過ごした私にとって、「家」は何よりも重要だった。

幼い頃から「持ち家」への憧れを捨てきれなかった私にとって、「自分の家を持つ」ことは人生の中のマストで、リストラで失業中の時期も「家を持っている」事実が大きく自分を支えてくれた。

家を買うか、借りるかの選択は人それぞれだ。

買うにしても、大きな金額の買い物を決断するのは誰でも悩む。

私はどちらがいいかを断言できる立場ではないが、リストラ・大病を経験したことから思うことがある。

家を買うには、①団体信用生命保険に加入できる「健康な身体」②ローンを組める「年齢」③支払える「収入」の3つが揃っていなければならない。

そして、人生で3つが揃っている期間は決して長くはないのが現実だ。

私のように家を買った途端、大病が発覚することもある。

もし私が、吉祥寺への移住を決意しないまま、乳がんが発覚したら大きく後悔していただろう。

「してしまった後悔よりも、しなかった後悔のほうが大きい」とは、よく言ったものだ。

「家を買うなんて自分にはできない」
「何十年もローンを支払っていけるか」
「吉祥寺に住みたいけど、高くて無理」
いろいろ二の足を踏む人のほうが多いだろう。

吉祥寺の住まいは運よく（？）保険がおり、短期間でローンが完済する形になってしまったが、最初中野のマンションを購入した時、私は27歳だった。

中野のマンションを所有していたことで、住み替えのタイミングが掴めずに吉祥寺への移住計画が難航した時期もあったが、このステップなくして今の生活はなかったと思う。

地方出身の普通の会社員の私にできたのだから、特別なことでは決してないはず。

住みたい街に住む幸せを、あなたも味わってみませんか。

あとがき

昔、吉祥寺の某商業施設がオープンを控えた頃、吉祥寺への思いを綴ったエッセイを募集するイベントがあり、応募をしたことがあった。

自分で書いたエッセイのタイトルはこの本と同じ「吉祥寺への道のり」。

この「道のり」は吉祥寺への交通アクセスのことではなく、移住を意味している。

現在私が暮らす地下鉄沿線の中野区の自宅から吉祥寺までの所要時間は、乗り継ぎを含め約30分の距離である。

しかし、なんとか吉祥寺にマイホームを持とうとしている私にとって、移住への道のりは現在も遠い。

吉祥寺に住みたいと思うようになったのは、いつからだろうか。

きっかけは、私が尊敬する吉祥寺在住の女性作家が作中で綴る吉祥寺ライフに憧れたことである。

移住を決心してからは、事あるごとに吉祥寺に出向き、井の頭公園をはじめ前述の作家の作品に登場する場所を訪れ、散策に勤しんだ。

訪れるたびに感じる街の温かい空気、そして何よりも地元の方々が街を愛している気持ちを目の当たりにしたことが、私の決意をいっそう強くしていった。

これまで家や部屋に愛着を持つことはあっても、街にこれほど惹きつけられたことがなかった私が初めて抱いた思いだった。

自分が住むことをイメージしながら定期的に不動産情報サイトを見るようになり、マンション名まで明確に掲載されている住宅地図まで入手してしまったほどである。

時間さえあれば地図を眺めていたため、住んでいないのにすっかり住民並みの土地勘ができていた。

吉祥寺も日々発展し、駅ビルを含め再開発の最中にある。

同時に吉祥寺のシンボルとも言われたロンロンや伊勢丹が姿を消し、ユザワヤや三浦屋も縮小移転してしまったことは残念であるが、きっとこれからも昔ながらの温かみのある場所を残しながら、移住した私を迎えてくれる日が来ることを信じている。

そして私は、今日も移住準備に向けて仕事と情報収集に余念がない。

吉祥寺が「出かける場所」ではなく、「ただいま」と帰る場所になる日を夢見て。


当時の思いのたけを綴った『吉祥寺へのラブレター』だった。

残念ながら結果は佳作にも引っかからず、参加しただけで終わってしまったが。

この当時は移住計画も停滞気味で、本当に吉祥寺に住む日が来るのだろうかと弱気になっていた時期だった。


この文章を書き始めてから、今年で9年が経つ。

吉祥寺は若者の街と言われることも多く、いつもお洒落な女の子たちで溢れている。

私は住みたいと思ったこの吉祥寺で、遅ればせながら青春をしているのかもしれない。

紆余曲折を経て吉祥寺で暮らす今、夢は叶うことを教えてくれたこの街が大好きだ。

了

物価、住宅ローン金利等は、当時のものです。

著者プロフィール

白石 鈴衣（しらいし れい）

1973年生まれ
群馬県出身
大学卒業後、不動産会社にて営業職、インテリアコーディネーターを経て現在も中堅不動産会社にて勤務中。
幼少期よりマイホームを持つことに憧れ、27歳で初めてマンションを購入。
その後住み替えにて現在猫３匹と共に吉祥寺に暮らす。
趣味は資格取得で、宅地建物取引士、インテリアコーディネーター、住宅ローンアドバイザー、競売不動産取扱主任者、第１種衛生管理者等を保有。

ブログ
https://ameblo.jp/savagumo/「吉祥寺 my home life」

吉祥寺までの道のり アラフォー独身女性　住みたい街にマンションを買う

2019年８月15日　初版第１刷発行

著　者　白石 鈴衣
発行者　瓜谷 綱延
発行所　株式会社文芸社
〒160-0022 東京都新宿区新宿1－10－1
電話 03-5369-3060（代表）
03-5369-2299（販売）

印刷所　株式会社エーヴィスシステムズ

ISBN978-4-286-20199-3